SEMCO IN DE POLDER

DURF JIJ DE VASTE STRUCTUUR LOS TE LATEN EN ANDERS TE GAAN WERKEN? HET KAN EENVOUDIG!

ALLARD DROSTE

Boom

Meer informatie over deze en andere uitgaven vindt u op www.bua.nl.

Redactie: Woord & Taal | redactie, Leiden
Omslagontwerp: Adept Vormgeving, Velserbroek
Opmaak binnenwerk: Villa Y, Henxel

ISBN 978 90 2440 687 6
NUR 801

Inhoud

DOSIS DROSTE

Voorwoord

De wereld schreeuwt om een circulaire omgang met grondstoffen en materialen, omdat onze planeet bepaald niet onuitputtelijk is. Wat is het dan vreemd dat de meeste bedrijven nog steeds een lineaire leiderschapsstijl kennen. Die ouderwetse, op controle gebaseerde hiërarchieën bieden nauwelijks tot geen antwoord op de exponentiële ontwikkelingen in de wereld omdat je die simpelweg niet kúnt controleren. En hoe vreemd is het dat we het heel gewoon vinden om allerlei materialen te recyclen, maar dat we onze eigen mensen vaak uitputten om ze vervolgens uitgeput en moegestreden met pensioen te laten gaan? Als ze al niet met een burn-out of andere gezondheidsklachten eerder zijn afgehaakt.

We kennen allemaal de inspirerende voorbeelden van bedrijven als Coolblue, Google, Uber of Netflix, die met een veel vrijere, op vertrouwen gebaseerde cultuur de vloer aanvegen met de gevestigde orde. Toch kunnen veel ondernemers de successen van dit soort bedrijven niet naar hun eigen bedrijf vertalen. Want hoe kun je het succes van zo'n 'disruptive' ICT-achtig bedrijf kopiëren, als je maar 'gewoon' een productiebedrijf bezit, makelaar bent, of bijvoorbeeld manager bent van een logistieke afdeling binnen een handelsbedrijf?

Dit boek van de bevlogen rasondernemer Allard Droste laat op een verfrissende manier zien hoe het óók kan. Allard neemt ons mee in zijn bijzondere, positieve kijk op mensen en ondernemen. Allard laat zien dat je juist in een op het eerste gezicht gewoon bedrijf, met heel gewone mensen, voor heel gewone klanten, tot buitengewone resultaten kunt komen. Allard heeft zijn bedrijf gebaseerd op vertrouwen. Hij heeft het lef gehad zich kwetsbaar op te stellen, door bijvoorbeeld te luisteren naar de klagers, door fouten te omarmen in plaats van te bestraffen, door samen met zijn mensen groot te durven dromen, door afdelingen af te schaffen, soms zelf letterlijk de muren af te breken.

Semco in de polder is niet alleen maar een inspirerend ondernemersavontuur. Dit boek laat zien dat de puur op respect en vertrouwen gebaseerde principes, waarmee grote ondernemers als Ricardo Semler succesvol zijn geworden, in ieder bedrijf toe te passen zijn. Vertrouwen is de eindeloze, gratis brandstof die het gewone mensen mogelijk maakt tot buitengewone prestaties te komen. Want het is eigenlijk heel eenvoudig: mensen die in hun dagelijkse leven grote besluiten kunnen nemen, kunnen dat ook tijdens hun werk. Zelfs in jouw bedrijf!

Arko van Brakel
Ondernemer, Chief inspiration Officer Semco Style Institute

Goud in handen

- Een ziekteverzuim van theoretisch nul. Armen in mitella's of zware verkoudheden weerhouden de medewerkers er niet van om toch naar het werk te komen. Alleen als ze echt ziek zijn, blijven ze thuis. Desnoods regelen de medewerkers dat ze thuis opgehaald worden.
- Een jongedame van 21, gestart voor het algemene officewerk, brengt na een halfjaar niet alleen zelfstandig offertes uit, maar haalt ze ook binnen. Ze helpt mee de marketing te verzorgen en heeft de projectadministratie onder haar hoede. Klein detail: het officewerk doet ze nog steeds tussen de bedrijven door.
- Productiemannen plannen zelf hun uren, hebben door dat de klant extra inzet van ze vereist en organiseren volledig zelf dat ze in twee ploegen gaan draaien of in het weekend komen werken wanneer nodig.
- Geen kosten aan juristen of adviseurs.
- Een jongeman die via een re-integratietraject, na hamburgers te hebben gebakken bij een bekend fastfoodbedrijf, de logistiek van het bedrijf organiseert.
- Twee productiemannen, een lasser van 52 en een zetter van 22, die volledig samensturend een project van € 2 miljoen van a tot z runnen.
- De omzet groeit autonoom met 15% per jaar. Zelfs tijdens de crises van de afgelopen jaren, waarin de bouw met meer dan 50% is gekrompen.
- Een partner/leverancier die inmiddels voor € 2,5 miljoen aluminium levert, zonder enig contract.
- Stagiaires voeren met hoge motivatie hetzelfde werk uit als de vaste medewerkers.
- Medewerkers hebben bijna elke week wel een nieuw idee en voeren dit zelf door.
- Een productiemedewerker koopt zelf de grondstoffen, ter waarde van jaarlijks miljoenen euro's, rechtstreeks bij de leverancier. Er is namelijk geen afdeling inkoop.

Klinkt dit te mooi om waar te zijn?
Geloof het of niet. Het kan eenvoudig.

Dit boek is bedoeld voor ondernemers, managers en misschien zelfs voor alle medewerkers van zowel grote en kleine bedrijven.[1]
Het bevat geen rocketscience of exacte wetenschap. Wel lessons learned gedurende vele jaren van experimenteren met een andere manier van werken. Het toepassen van de inhoud is over het algemeen helemaal niet zo complex of tegennatuurlijk, maar het kan wel even wennen zijn.
Het handelen van de manager is met het verstrijken van de jaren vaak niet meer optimaal voor het resultaat van de onderneming. Veel managers zijn niet meer wie ze waren toen ze nog een van de medewerkers waren. Logisch, want er wordt door de omgeving een andere rol van ze verwacht. Ze moeten ineens de leiding nemen. Een manager dient moeilijke beslissingen te nemen, sterk en stevig te zijn, boven de medewerkers te staan, altijd rust te bewaren en problemen op te lossen. Vaak komt daar dan nog gewild of ongewild het bedrijven van politiek bij, wat een hoop vervelende bijzaken met zich meebrengt. Voordat een manager het doorheeft, is hij niet alleen een andere collega geworden, maar vaak ook een ander mens.

Elke manager kan door het lezen van dit boek en na het toepassen van de inhoud persoonlijk verder komen en het (werk)plezier binnen zijn afdeling, groep of bedrijf sterk verbeteren. Het resultaat volgt dan vanzelf. Hier is wel durf, gevoel en doorzettingsvermogen voor nodig. Soms een stuk naïviteit en absoluut een grenzeloos vertrouwen in samenwerken, openheid, delen en loslaten. Zonder vertrouwen geef ik het weinig kans.
Als jij als manager bereid bent om hiervoor open te staan, zal je zien dat er onder de medewerkers nieuwe energie vrijkomt. Er wordt samengewerkt aan de gedeelde droom. En het mooie van dit alles is dat het niets kost. Je hebt het goud in handen. Je moet het alleen nog oprapen.

Veel plezier op deze ontdekkingstocht. Het kan eenvoudig.

1 Voor de groepen 'leidinggevenden', 'ondernemers' en 'managers' gebruik ik in dit boek verder de term 'manager'. Ook heb ik voor de eenvoud alles in de hij-vorm beschreven. Uiteraard kan 'hij' heel goed vervangen worden door 'zij'.

Droste-woordenboek

dro·men *(werkwoord)*
1 Iets wat je wilt bereiken **2** doen alsof je er al bent

goe·de *(de; m,v;* meervoud: goeden*)*
1 iemand die betrouwbaar werkt **2** rustige en loyale teamgenoot

gou·den fout *(de; v(m);* meervoud: gouden fouten*)*
1 van fouten kun je leren **2** zonder fouten geen actie

kla·ger *(de; m,v;* meervoud: klagers*)*
1 'ja, maar'-personen **2** Iemand die zeurt om af te leiden

rol *(de; v(m);* meervoud: rollen*)*
1 het werk dat iemand uitvoert **2** geen vastomlijnde functie

sa·men·stu·ring *(de; v; meervoud: samensturingen)*
1 iedereen is de baas **2** samen sta je sterker

so·cia·le con·tro·le *(de; v(m); meervoud: sociale controles)*
1 geen controleren om te controleren **2** aanpassen aan het gedrag dat het team verwacht

ster·ke soft·heid *(de; v)*
1 ware emoties delen met het team **2** kwetsbaarheid tonen uit kracht

su·per spoed *(de; m)*
1 voortvarend te werk gaan **2** op zoek gaan naar slimmigheden

top·per *(de; m,v;* meervoud: toppers*)*
1 'ja, en'-personen **2** teamgenoot die je mee zou nemen naar onbewoond eiland

we·der·ke·rig·heid *(de; v;* meervoud: wederkerigheden*)*
1 voor wat, hoort wat **2** iets geven, prikkelt de neiging om iets terug te geven

1

Droste-blik vol dromen

Doe het eens anders. Ik noem het zelf de Droste-blik, afgeleid van het Droste-effect: het visuele effect dat ontstaat als een plaatje zich steeds herhaalt en steeds kleiner wordt in de verte. Iets wat ver weg lijkt, wordt dichtbij gehaald. Iets wat in de toekomst ligt, komt naar voren. Een droom wordt gevisualiseerd in de toekomst en naar het heden gehaald. Dit staat voor mij symbool voor het anders-doen. De Droste-blik.
Zet niet alleen die stip op de horizon, maar haal hem naar je toe. Maak het groots. Beleef het alsof het plaatje niet ver weg is, maar juist dichtbij. Visualiseer het. Herhaal het frequent. Maak er een droom van waarin je niet alleen gelooft, maar waarvan je ook al overtuigd bent dat hij uitkomt. Beleef het, doe alsof je er al bent en vier nu al het succes.

Figuur 1 Droste-blik: draai het om en begin met het einde

Toepasselijk als eerste hoofdstuk is dan ook de Droste-blik vol dromen. Alles start met de droom.
Voor mij is dit onderwerp het allerbelangrijkste. Dit is het vertrekpunt om het eens anders te doen. Om niet met de grijze massa mee te gaan. Om je te onderscheiden. Ik gebruik deze manier van kijken elke dag weer, zowel zakelijk als privé. Het geeft mij enorm veel energie om dingen te bereiken.

Het begon allemaal begin 2011 met een plaatje van een markthal op ons droombord. Een markthal in hartje Rotterdam, die nog gebouwd moest worden. Het was een 'rendering' van een hal met een indrukwekkend plafond. Het bestond uit een enorm kunstwerk van panelen met daarop fruit afgebeeld. Ik weet nog goed wat voor een magische aantrekkingskracht dat plaatje op ons had. Wat als wij dat nou eens konden maken met ons bedrijf? Dat zou een geweldig stunt zijn.

Figuur 2 De Markthal in Rotterdam

Er ontstond een drive bij ons team om de klant ervan te overtuigen dat wij het project al zo goed als gerealiseerd hadden. Wij hadden de opdracht al binnengehaald. Klein detail: we moesten alleen nog even de architect, de projectontwikkelaar, de aannemer en de gemeente overtuigen ...
Eind 2011 zijn de eerste proeven gemaakt met beprint metaal. Eerst werkten we met stickers, wat niet succesvol was. Vervolgens met printtechnieken op het metaal en ten slotte met een print die opgesloten zat in de duurzame coating. We kregen vleugels, ondanks dat we hoorden dat wel 25 verschillende partijen ook met dit traject bezig waren.
Medio 2012 ben ik met een proefpaneel in de hand naar de architect, Winy Maas van MVDRV, getogen. Een proefpaneel waarvan wij absoluut overtuigd waren. We wisten: dit is waar de architect ook van droomt. Met zijn goedkeuring ben ik snel naar de aannemer doorgereden en heb de partijen opgelijnd.

Figuur 3 Plafondpaneel

Begin 2013 kregen we momentum. We pakten onze kans en maakten voor eigen rekening en risico in onze hal een levensgrote mock-up. We nodigden alle belanghebbenden uit: vertegenwoordigers van de stad Rotterdam, de architect en zijn team, de projectontwikkelaars, het technische begeleidingsbureau, het aannemersteam en uiteraard enkele van onze eigen mensen stonden in onze hal. Allemaal keken ze naar een deel van het plafond zoals wij het in de markthal zouden gaan maken.
Het was een groep van wel dertig man. Ons enthousiasme en onze drive werkten aanstekelijk op de groep. Voor de goede orde, de opdracht of iets van een intentieverklaring hadden we nog niet. Hier dachten wij niet eens aan. We hadden in gedachten immers de opdracht al, alleen moest de klant nog even beslissen.
Medio 2013 merkten wij gedurende het gehele offertetraject dat veel van de concurrenten afhaakten. Zij merkten dat wij goed in de race zaten. Misschien was het onze sterke overtuiging en daarmee aanpak die ertoe leidde dat zij de competitie opgaven? Wie zal het zeggen.
De periode eind 2013, voorafgaand aan het verkrijgen van deze prestigieuze opdracht, werd gevuld met het beantwoorden van vragen over kwaliteit, techniek, duurzaamheid en, niet onbelangrijk, de prijs.
Het jaar 2014 is tot de laatste dag voor de opening besteed aan de productie en montage van 'de grootste puzzel', zoals wij dit plafond inmiddels hadden omgedoopt.

Figuur 4 Het plafond van de Markthal

Koningin Maxima opende op 1 oktober 2014 de Markthal te Rotterdam. Dit markante gebouw met zijn indrukwekkende plafond heeft de aandacht van de hele wereld. De stad Rotterdam staat mede hierdoor in de top 10-lijstjes van interessante wereldsteden. Wat zijn wij trots dat wij de makers zijn van de enorme puzzel met zijn unieke afbeelding.

Dit Markthalverhaal is een geweldig mooi voorbeeld van hoe het kan werken als je met het einde begint. Zoals ik het altijd noem: het omdraaien. Eerst je droom, dan je doel en dan het doen. Essentieel hierbij is dat je je droom beleeft als ware hij al uitgekomen.

WAT IS JOUW DROOM,
ALS JE NU JE OGEN ZOU SLUITEN?

De droom naar voren halen zoals in het Droste-effect, staat haaks op hetgeen in de praktijk vaak gebeurt. Normaal gesproken is de werk- of denkwijze namelijk als volgt: je bent nu hier en je hebt de wens om ergens naartoe te gaan. Je bent bij A en je wil naar B.
Bijvoorbeeld:

- Je hebt de opdracht nog niet, maar je zou hem graag willen hebben.
- Je bent nog klein in omzet, maar je zou willen groeien tot een groter bedrijf.
- Je bent toeleverancier, maar je hebt de wens om hele projecten te verzorgen.
- Je bent dik, maar wil dun zijn.
- Je hebt een slechte conditie, maar dat moet beter.

De kans is groot dat je veel energie moet steken om van de huidige status A naar de gewenste situatie B te komen.

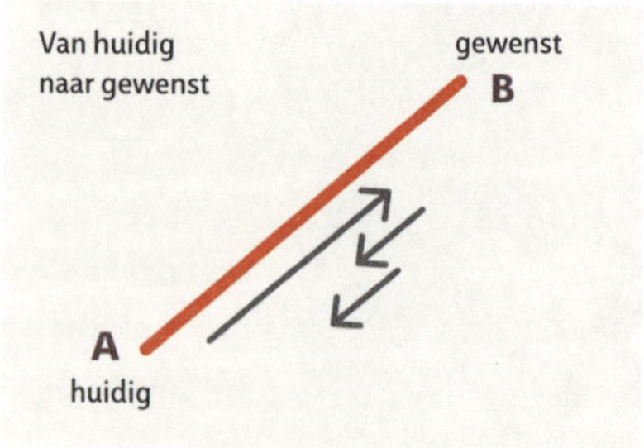

Figuur 5 Redeneren vanuit de huidige situatie

Je wordt vaak weer teruggeworpen naar A. Dit is niet zo gek en psychologisch volledig verklaarbaar. Als je redeneert vanuit je huidige, vaak negatieve situatie (bijvoorbeeld: ik ben te dik) word je steeds teruggezogen naar die huidige situatie. Bewust en onbewust ontstaan er mechanismen waardoor je weer terug bent bij het oude. Je bent dik, dus dat rondje rennen wordt toch niets. Je hebt al jaren niet gesport, het regent nu, dus dat rondje rennen kan ook morgen wel. Je hebt die klant niet, hij kent je niet, dus waarom zou hij nu ineens wel zaken met je willen doen. Als het dan even tegenzit, wordt dat ook nog eens versterkt door het stemmetje in je hoofd, dat zal zeggen: 'Zie je wel, lukt toch niet.'

Doe nu eens gek en draai dit 180 graden om. Je bent al waar je wil zijn, je moet het alleen nog even doen.

DOE ALSOF JE ER AL BENT

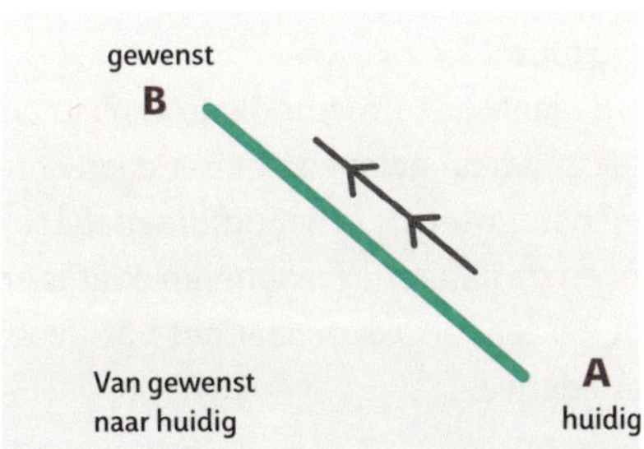

Figuur 6 Redeneren vanuit de gewenste situatie

Je bent al in B, waar je wil zijn, en je wordt uit A getrokken.

Dit is pure psychologie. Het vertrekpunt, je ijkpunt, punt B, is al de gewenste situatie, je droom. Hierdoor krijg je zoveel positieve energie, dat de inspanning om er daadwerkelijk te komen minder zwaar voelt. Sterker nog, de uitstraling die je bewust en zeker ook onbewust afgeeft, is zo positief, dat je omgeving gelooft dat je er al bent. De weg ernaartoe zal nu makkelijker verlopen. Hobbels worden kleiner.
Op het moment dat ik dit hoofdstuk schrijf, is het 1 januari. De eerste dag van weer een nieuw jaar. Een dag waarop veel mensen stilstaan bij wat ze dit nieuwe jaar zouden willen bereiken, de gebruikelijke nieuwjaarsvoornemens: het zou zo mooi zijn als ik wat zou afvallen, meer zou sporten, als de omzet zou groeien of als die mooie grote opdracht binnenkomt.
Wat denk jij, als je heel eerlijk bent, dat er terecht gaat komen van die nieuwe voornemens? Juist. Grote kans dat ze ten dele of helemaal niet worden bereikt. Er zullen onderweg tal van redenen zijn waarom je toch afhaakt en snel weer in je oude patroon wordt gezogen. De kans is groot dat het

zelfs helemaal niet lukt. De eerste maanden, weken, ben je nog enthousiast. Tegen de zomer, als je dat al haalt, ben je je voornemens alweer vergeten of heb je al redenen gehad om af te haken. Nog geen halfjaar later begint het hele circus weer opnieuw.
Draai het 180 graden om. Bedenk op 1 januari niet wat je komend jaar van plan bent, maar verplaats je in gedachten naar het eind van het jaar. Je denkt (en doet) alsof het jaar al beleefd is. Je waant je al in de gewenste situatie. Je doet je ogen dicht en bedenkt dat het 31 december is van dit nieuwe jaar. Je krijgt complimenten van jouw naasten omdat je er zo goed uitziet, want je weegt nog slechts 70 kg. En o ja, om dat te bereiken, heb je het afgelopen jaar niet meer gesnoept en één keer per week lekker een rondje gerend in het park. Je hebt de marathon van Amsterdam gelopen, in een mooie tijd van 3 uur en 45 minuten. De medaille hangt boven je bed.
En je hebt die gedroomde opdracht uitgevoerd, het was alleen een kwestie van de klant overtuigen dat hij voor jou moest kiezen.
Hoe voelt dit omdraaien, als je erover nadenkt? Grote kans dat je er blijer en positiever van wordt. Grote kans dat je zelf gaat geloven dat het daadwerkelijk gaat gebeuren. De kans van slagen is groter als je het omdraait. Begin met het doel voor ogen. Draai het om en ga dan terug redeneren. Wat is er voor nodig om er te komen? Je wordt eerder getrokken naar het positieve, je droom, dan dat je wegkomt uit het negatieve.

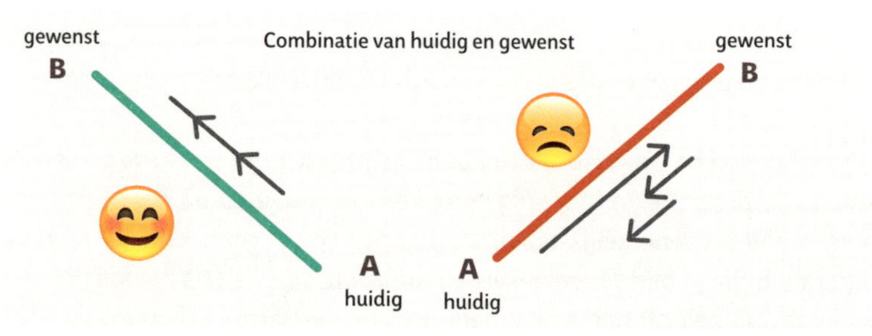

Figuur 7 Omdraaien werkt beter

Het resultaat van omdraaien levert ook het verschil op tussen excuses verzinnen en met oplossingen komen. Vaak hoor je de kreet '**ja maar**'. Ja maar, het regent, dus nu even niet rennen. Ik voel me toch nog niet helemaal fit. Ja maar, één bakje chips kan toch geen kwaad, want wat maakt dat uit. Ja maar, die nieuwe klant bellen komt morgen wel, ik heb toch zijn nummer niet bij de hand. Ja maar, de wekker even negeren, nog lekker een halfuurtje in bed, niemand merkt het. Morgen kan ik het ook nog wel doen. Terwijl je sneller met oplossingen komt om wél iets te doen. Als je met je hoofd al bij de nieuwe situatie bent, als je mentaal al over de finish bent. Ik noem dat zelf de '**o ja**'-sfeer. O ja, heerlijk gerend, zelfs door de regen. Zo erg was het niet en na een warme douche ben ik er weer helemaal bij. O ja, nog snel achter het nummer van de klant komen, want dan heb ik alvast het contact gelegd.

Je bent al over de finish en o ja, je moet nog even lopen.

Figuur 8 Je bent al over de finish en, o ja, je moet nog even lopen

Het omdraaien heeft nog een ander heel belangrijk effect. Doordat je je inbeeldt dat je er al bent, is de kans groot dat je je gewenste situatie al deelt met je omgeving. Dit is zo'n belangrijk onderdeel voor het laten slagen van je droom dat je dit eigenlijk altijd moet doen: deel je droom met je omgeving.
Je teamgenoten, klanten, familie of vrienden krijgen al te horen wat je wil bereiken. Je maakt ze deelgenoot van die nieuwe opdracht, van die marathon, van je slanke figuur of van je vernieuwde bedrijf. Hierdoor leg je jezelf bewust en onbewust een verplichting op. Het vrijblijvende is er vanaf. Het plan is weg uit de sfeer van 'we kijken wel waar het schip strandt'. Immers, je omgeving zal geregeld vragen hoe het gaat met je voorbereiding voor die marathon, die nieuwe opdracht of je bedrijfsplan. Hierdoor is de kans groot is dat je ermee bezig blijft.
Je droom delen zorgt er ook voor dat je omgeving je gaat helpen. Niet zelden hebben mensen mij geholpen om dromen weer een stuk verder in te vullen. Mensen komen vaak met tips, ideeën, namen of hulp en helpen zo mee mijn droom te verwezenlijken. En het mooie van dit alles: het is nog gratis ook.

Figuur 9 De droom is het begin

Hopelijk is nu duidelijk wat ik bedoel met 'omdraaien'.

Ik noem het vaak dromen, aangezien dromen ook iets moois heeft. Je zou het ook 'soft' kunnen noemen of kunnen tegenwerpen dat dromen bedrog zijn. Zo zit ik er niet in. Dromen zijn magisch voor mij, ze geven mij energie en zijn vooral concrete doelen. Alleen, 'dromen' klinkt vriendelijker dan 'doelen'. Mijn dromen vertaal ik vervolgens in harde doelen. Dat zijn dingen die ik wil bereiken of waarvan ik wil dat ze gebeuren. Door te dromen dat ik er al ben of dat dingen al zijn gelukt, komt er zoveel energie vrij dat de kans van slagen enorm is.
Een prettige bijkomstigheid, die stiekem erg belangrijk is voor mijn geloof in het omdraaien en dromen, is de volgende: mensen en dus ook jouw teamgenoten willen bij de winnaars horen. Bij diegene die een droom heeft. Diegene die met succes bezig is. Dit geeft zeker in een bedrijf het enorme voordeel dat jouw droom ook een droom kan worden voor je teamgenoten. Zo kom je met z'n allen verder. Collega's willen zich sneller voor de droom inspannen. Met elkaar ga je ervoor zorgen dat die nieuwe opdracht binnenkomt. Samen sta je sterker.
Je zult zien dat na verloop van tijd je teamgenoten jouw methode zullen gaan overnemen, want het werkt aanstekelijk. Ook je teamgenoten zullen gaan dromen. Je zult merken dat als je zelf het voorbeeld geeft, je teamgenoten elkaar erop aan zullen gaan spreken als er te veel vanuit de huidige situatie wordt geredeneerd, als er wordt gepraat in termen van 'ja maar'. Ja maar, we hebben de opdracht nog niet. Op het moment dat teamgenoten elkaar hierop gaan wijzen en gaan praten in termen van dromen en 'o ja', dan barst de positieve energie los.

Een volgende fase is het geweldige gegeven dat dromen ook gemeenschappelijk kunnen worden. De droom die jij als manager voor jouw onderdeel hebt, kan transformeren in een droom die niet alleen van jou is, maar ook van je hele team. Op dat moment is het raak en zal je merken dat alles makkelijker zal gaan.

GEEN ARROGANTIE, WEL SPEL

Het is de kunst om nooit arrogant te worden.
Zie het als een spel.

Zeg bijvoorbeeld met een speelse lach tegen de klant dat je de opdracht al hebt (terwijl de klant de opdracht nog moet vergeven) en zorg dat je dit ontspannen doet. Het moet met een serieuze ondertoon, maar zeker ook met grap en grol. Opdat de klant zich niet in de hoek gedrukt voelt. Of zeg overtuigend tegen die nieuwe medewerker die je op het oog hebt dat hij al in het team zit, maar relativeer dat ook meteen weer met wat humor. Zeg bijvoorbeeld dat hij het ongetwijfeld nog even met het thuisfront moet overleggen. Ook hier weer opdat je niet te arrogant overkomt en de persoon niet in de hoek duwt.

Zo hebben wij met Aldowa de Metaalunie Award gewonnen. Voorafgaand bezocht de jury de tien genomineerden, om te beslissen wie door zou gaan naar de finale. Als aftrap van het bezoek vertelde mijn partner Jan Boom de jury dat we zeer vereerd waren dat ze bij de winnaar op bezoek kwamen. Gezamenlijk konden we er hard om lachen, maar iedereen besefte dat dit wel een serieus bedoelde opmerking was. En o ja, we moesten ze alleen nog even overtuigen.

Om deze Droste-blik op dromen wat meer handen en voeten te geven, hanteer ik altijd de volgende opbouw:

1. Begin met het definiëren van je droom.
2. Zet de droom om in een concreet doel.
3. Ga over in het doen.
4. Droom verder naar aanleiding van de genomen acties. Stel je doel weer positief bij, enz.

In het midden van deze drie D's staat centraal het begrip DURF.

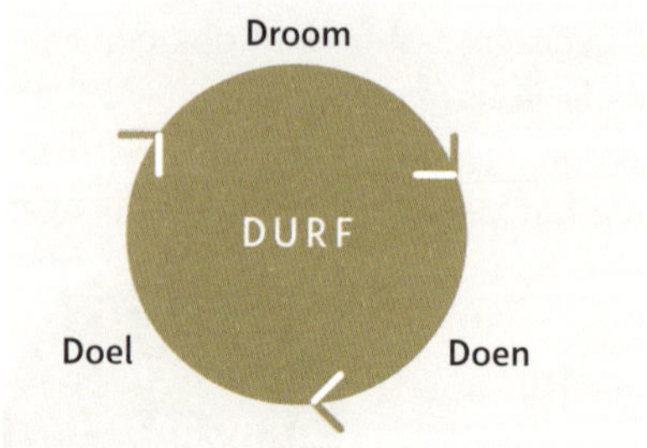

Figuur 10 De drie D's rond het begrip 'durf'

Durf te dromen. Denk niet in beperkingen. Leg de lat hoger dan je gewend bent. BELANGRIJK: geloof in je droom. Gedraag je alsof hij al uit is gekomen. Geniet al van je droom.
Durf je droom om te zetten in doelen. Doelen die je kunt meten en waaraan je elkaar kunt houden.
Durf ten slotte te doen. Ga over in acties, hoe spannend ook. Vooral in het begin moet je de stappen zetten die leiden tot succes. Vaak zijn dit veranderingen en vergt het moed om het op een nieuwe manier te doen. Het vergt discipline om vol te houden.
Starten met de droom is voor mij altijd stap 1. In de volgende hoofdstukken komt steeds het thema terug: hoe kan het anders? Met dromen doe je het anders. Met dromen komt plezier naar voren. Met dromen ben je bezig met de langere termijn. Met dromen ben je succes al aan het vieren. Met dromen is de kans groter dat mensen zich voor jou willen inspannen. Met dromen durf je fouten te maken, om te leren en te verbeteren. Met dromen kom je met oplossingen in plaats van met excuses. Met dromen gaat je gevoel weer meespelen. Met dromen durf je verantwoordelijkheden te delen. Met dromen is succes dichterbij en ligt het goud om de hoek.

Het kan eenvoudig:

1 Sluit de ogen en durf te dromen.
2 Maak de droom concreet met een doel.
3 Deel de droom.
4 Beleef en vier de droom alsof je er al bent.
5 Start met acties om de droom waar te maken.

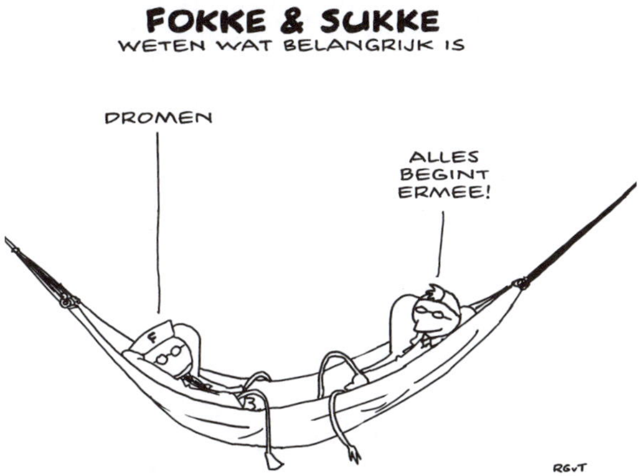

2

Medeondernemers

Vrij snel ben ik verantwoordelijk geworden voor diverse teams van medewerkers. Kleine en grote teams. Op afstand of juist heel direct. Van zeer gemotiveerde teams tot teams waar discipline of eigen verantwoordelijkheid ver te zoeken waren. Linksom of rechtsom heb ik altijd positieve ervaringen met het vormen van teams. Het gezamenlijk behalen van resultaten was steeds wel degelijk mogelijk. De gevleugelde joodse uitspraak 'ik wens je veel personeel' is dus wel aan mij besteed.

Toch spreek ik dikwijls ondernemers die na jaren het roer om willen gooien en weer iets nieuws willen beginnen, maar nu eindelijk eens zonder personeel. Medewerkers zijn lastig en een blok aan het been. Ze doen nooit helemaal wat jij voor ogen hebt. Ze hebben niet die inzet of dat kwaliteitsniveau dat jij als manager wel hebt. Ze zijn ziek wanneer het niet uitkomt of ze maken net die cruciale fout waar je niet op zit te wachten. Tot overmaat van ramp vragen diezelfde medewerkers veel aandacht.

Kortom, personeel wordt vaak gezien als iets wat je nodig hebt, maar wat eigenlijk een noodzakelijk kwaad is. Herkenbaar?

In 2006 was ik op bezoek bij een groot vleesverwerkend bedrijf en sprak daar met een team van interim-managers en ingehuurde consultants. Gezamenlijk zaten ze midden in een turn-around van het bedrijf. Het bedrijf kenmerkte zich de voorgaande jaren door ontevreden klanten, late en verkeerde leveringen, financiële verliezen en ongemotiveerd personeel.

Al pratende kwamen we al snel op het thema van ongemotiveerd personeel. Er werd mij een situatie beschreven waarin afdelingen onvoldoende met elkaar zaken afstemden, medewerkers onvoldoende bezig waren met kwaliteit, verkopers een zwakke relatie hadden met de klanten, of medewerkers niet flexibel op de vraag van de klanten reageerden. Kortom,

een groot gedeelte van de negatieve setting werd mij voorgespiegeld als zijnde de schuld van de ongemotiveerde medewerkers.
Mijn reactie was klassiek: 'Dan zullen jullie wel veel van het ongemotiveerde personeel eruit hebben gezet om weer succesvol te worden.'
Het antwoord verbaasde mij: 'Waarom ongemotiveerde mensen eruit werken en inwisselen voor nieuwe medewerkers, die hopelijk wel gemotiveerd zijn? Nee, de oplossing hier, en waarschijnlijk overal, zit in de vraag waarom de medewerkers niet gemotiveerd zijn. Grote kans dat het niet aan de medewerkers zelf ligt, maar aan de manier waarop ze zijn behandeld en ingezet.'
Het heeft mij dagen gekost om dit antwoord daadwerkelijk te begrijpen en te beseffen dat dit goud was. Het relatief makkelijkste wat je namelijk kan doen als een medewerker niet bevalt of niet doet wat jij wil, is deze medewerker ontslaan en op zoek gaan naar een vervanger. Wat men zich echter niet realiseert, is dat het wisselen van een medewerker gemiddeld een jaarsalaris kost aan directe en indirecte kosten. Een medewerker die op moet stappen, is in zijn laatste periode al helemaal niet meer gemotiveerd. Daarnaast ontvangt hij hoogstwaarschijnlijk nog enkele maanden (vertrek)premie. Vervolgens kost het zoeken en werven van een nieuwe medewerker tijd en geld. Dikwijls is er ook een gat tussen de vertrekkende medewerker en zijn opvolger. Tot slot dient de opvolger ingewerkt te worden en zal in het begin ook een aantal beginnersfouten maken. Al met al lijkt het makkelijk om een medewerker in te ruilen, maar onder aan de streep kost het veel tijd, energie en geld. En onderschat daarnaast niet de negatieve energie die doorwerkt op de rest van de medewerkers.
Uitdagender is het, om je af te vragen waarom een medewerker ongemotiveerd is. Door het antwoord op die vraag te vinden, bespaar je een flinke som geld.
De interim-managers en consultants vervolgden hun antwoord: 'Waarom zouden medewerkers op het werk de klanten niet goed helpen, inflexibel zijn, hun collega's niet juist ondersteunen of onvoldoende plannen? Thuis kunnen ze vrijwel alles. Thuis kunnen ze de kinderen opvoeden, de kinderen aanmelden voor de sportclub, de bladeren op tijd uit de goot halen, de afwas doen, een verbouwing coördineren of de hond op tijd uitlaten. Uiteraard zal het weleens mis gaan, maar het gebeurt niet vaak dat ze op de verkeerde dag in het voetbalstadion staan, dat de kinderen niet opgehaald zijn van school of dat de hond een dag niet is uitgelaten. Waarom hebben ze deze vaardigheden ineens niet meer als ze op het werk verschijnen? Dat ligt niet zozeer aan de medewerkers. Dat ligt voor een groot

gedeelte aan hun managers die het hebben laten gebeuren. Managers die hebben toegestaan dat de medewerkers niet meer tevreden en daarmee ongemotiveerd zijn. Waarom zou een medewerker zijn best doen, als zijn manager gemiddeld om de twee à drie jaar van baan wisselt? Als er steeds weer een nieuwe high potential de plek van de manager inneemt? Een nieuwe manager die komt vertellen welke nieuwe wilde plannen hij met het bedrijf of de afdeling heeft. Een manager die onvoldoende luistert naar de goede ideeën of kritische opmerkingen van zijn medewerkers. Goede ideeën waar een manager niets mee doet.'

Een feit tussendoor; onderzocht is dat in Europa een manager gemiddeld slechts één idee per medewerker per jaar doorvoert. Terwijl dit bijvoorbeeld bij het Japanse bedrijf Toyota één idee per week is. Daar kun jij je waarschijnlijk nu niets bij voorstellen, zeker niet als je zelf als manager bijvoorbeeld twintig ideeën van jouw twintig medewerkers per week zou moeten verwerken. Waar haal je de tijd vandaan?

WANNEER IS VOOR HET LAATST SPONTAAN EEN IDEE IN JOUW TEAM OPGEPAKT EN DOORGEVOERD?

Het betoog van het interim-team ging verder: 'Managers die zichzelf wel een salarisverhoging toebedelen, maar hun medewerkers in de kou laten staan. Medewerkers die niet betrokken worden bij belangrijke beslissingen of met wie weinig wordt gedeeld. Medewerkers die onvoldoende eigen verantwoordelijkheid krijgen. Managers die de problemen wel aanhoren, maar er niets mee doen. Wat zou jij doen als je een van die medewerkers was in zo'n setting? Zou jij nog eens meedenken met jouw manager? Zou jij jouw spaarzame vrije avond opofferen omdat de klant wil dat er op tijd wordt geleverd? Ik denk dat jij het antwoord wel weet.'
Het kostte mij in eerste instantie moeite om deze redenatie te volgen. Het klonk bijna te mooi of te naïef. Maar hoe langer ik erover nadacht, des te meer ik deze gedachtegang het voordeel van de twijfel begon te geven.

Het is niet een kwestie van het gevolg opruimen, maar van de oorzaak aanpakken. De uitdaging is om ongemotiveerde medewerkers weer gemotiveerd te krijgen. Want al die medewerkers, met vaak jarenlange ervaring, zijn een gratis bron van verbeterpotentieel. Stel je teamleden één simpele vraag: wat zou jij doen als het jouw eigen bedrijf was? Geleid in de juiste setting krijg je een stortvloed aan suggesties. Ik hoor het ze al zeggen: **'Ja, als het mijn eigen bedrijf zou zijn, dan wist ik het wel. Dan zou ik het zus en zo doen.'**

Met de volgende drie stappen kom je een heel eind om van je medewerkers medeondernemers te maken.

VERTROUWEN KAN NIET EEN BEETJE

Stap 1: het geven van **vertrouwen**. Vertrouwen ligt aan de basis van het verantwoordelijk maken en houden van de medewerkers. Zonder vertrouwen verandert er weinig.

Met vertrouwen geven kan je nu meteen een begin maken. Maar écht vertrouwen geven vergt durf. Daarom is het in de praktijk ook zo moeilijk en kom je nauwelijks bedrijven tegen waar de medewerkers echt de volle verantwoordelijkheid krijgen, zonder dat een manager er toch nog boven hangt en zaken controleert.
Vertrouwen is een kwestie van geven en nemen. Zoals met alles, moet het ergens beginnen. Ik ben ervan overtuigd dat het begint met het geven. Een manager zal vertrouwen moeten uitspreken naar zijn medewerkers. En niet alleen vertrouwen uitspreken, maar het ook daadwerkelijk geven. Wat je geeft, krijg je terug. De medewerkers zullen het vertrouwen dan ook moeten nemen, oppakken en het niet beschamen.
Ik hoor u al denken: ja, maar. Ja, maar er zullen toch altijd mensen zijn die misbruik maken van het vertrouwen dat je ze geeft? Grappig genoeg ben ik dat nog niet tegengekomen. Wellicht naïef, maar ik geloof er sterk in dat als je vertrouwen geeft, de hele omgeving zich daaraan aanpast en dit zo positief oppakt dat men er niet aan denkt om het vertrouwen te schaden. Er zal ook meer sociale controle zijn, omdat niet alleen de manager verantwoordelijk is geworden, maar ook alle medewerkers. Het is een simpel gegeven dat als mensen vertrouwen krijgen en – heel belangrijk – verantwoordelijkheid, zij er verstandiger mee zullen omgaan dan wanneer dit niet gebeurt. Laat je absoluut niet leiden door misschien één iemand die het vertrouwen toch schaadt, want ten eerste zal er altijd wel iets misgaan en ten tweede is die kans in de praktijk heel klein.

Stap 2: het geven van **verantwoordelijkheid**. Deze stap is een logisch gevolg van stap 1. De medewerkers krijgen de verantwoordelijkheid om te gaan uitvoeren wat ze zelf hebben bedacht. Mensen die moeten uitvoeren wat ze zelf bedenken, in plaats van iets moeten uitvoeren wat de manager heeft bedacht, zijn over het algemeen meer betrokken en beter gemotiveerd.

Zo ken ik een werkomgeving bij een gemeente waar de medewerkers geen nieuwe beleidsstukken aanreiken aan het afdelingshoofd. Op mijn vraag waarom dit niet gebeurt, kreeg ik de reactie dat dit zinloos was. Het afdelingshoofd gaat toch altijd door de stukken en verandert ze dan per definitie naar zijn zin en smaak. Van het originele aangeleverde stuk blijft dan vaak weinig meer over. Waarom moeite doen voor iets waar weinig mee gedaan wordt?

Stap 3: kom weg uit de inhoud. Deze laatste stap gaat erom dat managers zich minder met de inhoud en de uitvoering moeten bemoeien. Zij moeten meer gaan sturen of coachen. Meer gaan **faciliteren**.
De medewerkers worden weer de (be)denkers, de experts, zodat de managers bijvoorbeeld verbeterideeën kunnen faciliteren of helpen doorvoeren. Zo beland je vanzelf in een positieve spiraal.

Deze aanpak heeft het interim-team bij het vleesverwerkend bedrijf toegepast en al na een jaar was het bedrijf weer winstgevend. En dat met dezelfde medewerkers nog aan boord.
Geen negatieve energie vanwege het omwisselen van mensen, en geen extra kosten door het meegeven van jaarsalarissen. Managers moesten met hun actuele medewerkers aan de slag.

Inmiddels ben ik er zelf achter gekomen dat – naast het gegeven dat medewerkers veel meer kunnen en willen, mits zij juist worden ingezet en aangestuurd – nog een heel belangrijk element kan helpen. Namelijk **trots**. Iedereen kent namelijk onder aan de streep zijn trots. Ieder individu wil trots zijn op zichzelf, trots zijn op zijn acties of ook trots zijn op een groter geheel. Zijn club, zijn afdeling of bedrijf. De medewerkers komen niet alleen omdat het nu eenmaal moet vanwege het salaris. Wie wil er nou niet op een verjaardagsfeest van de buurman kunnen praten over zijn groeiend bedrijf, de nieuwste binnengehaalde klant of de leuke collega's waar hij mee werkt?

IEDEREEN HEEFT ZIJN TROTS

Tijdens een van mijn werkbezoeken aan het project de Fietsappel in Alphen aan den Rijn viel mijn oog op een rode auto die ik meende te herkennen. De volgende dag vroeg ik de eigenaar van de bewuste auto, een teamgenoot uit onze productie, of hij toevallig bij de Fietsappel was geweest. Het bleek dat hij op zijn vrije dag met zijn familie, overgekomen uit het buitenland, een ronde had gemaakt langs ZIJN projecten.

Mensen vinden werkplezier vaak vele malen belangrijker dan het salaris. Uiteraard moet het salaris in de basis goed zijn. Maar het is ook niet meer dan dat. Het plezier maakt het verschil, niet het salaris.
Zet medewerkers weer in hun kracht. Geef ze hun verantwoordelijkheid (terug). Maak ze (mede-)eigenaar van alles wat speelt. Motiveer ze, luister naar ze, laat ze ideeën inbrengen en doorvoeren, laat ze hun eigen beslissingen nemen en help ze waar nodig. Geef ze de rol van medeondernemer.
Voor de ondernemers onder ons: uiteraard wordt het ondernemerschap een-op-een geassocieerd met feitelijke eigendom van het bedrijf. Met aandelen. Ik zie het toch liever anders. Je kunt je ook ondernemer voelen binnen een bedrijf zonder dat je aandelen bezit. Ik ben ervan overtuigd dat medewerkers zich graag ondernemer of mede-eigenaar willen voelen, met alle verantwoordelijkheden erbij. Zonder dat ze meteen ook de plussen en minnen van een aandeelhouderschap willen ervaren.

Op een vlucht terug uit Noorwegen kwam ik in aanraking met deze stewardess. Geweldig. Vol energie, enthousiast richting haar passagiers, gedreven. Kortom, geweldig in haar rol. De tekst op haar button zei precies wat ze was: ervaren en nog steeds sprankelend. Zo kan het ook.

Figuur 11: Ervaren en toch nog steeds sprankelend

Vaak beleden met de mond, maar niet in daad: medewerkers zijn het belangrijkste bezit van een bedrijf. Met het juist inzetten en begeleiden van je medewerkers voeg je de daad bij het woord.
Ik krijg nog weleens de vraag of het geven van verantwoordelijkheid en bijbehorend vertrouwen alleen kan bij een bepaald type mens.

De grap is dat het niet allemaal Messi's of Harvard-afgestudeerden hoeven te zijn. Sterker nog, de beste teams bestaan uit allerlei verschillende mensen. Oud en jong, geschoold en ongeschoold, man, vrouw, introvert en extrovert. Hoe meer divers de groep, des te beter.

Je zou bij wijze van spreken bij de bushalte kunnen stoppen en de eerste de beste groep mensen mee kunnen nemen naar jouw organisatie. Jouw bestaande groep kan meer dan je denkt.

MENSEN KUNNEN VEEL MEER

Eigen verantwoordelijkheid voor iedereen moet wel samengaan met de droom waar het team naartoe wil.

Besef dat je al goud in handen hebt.

Het kan eenvoudig:

1 Vertrouw en durf los te laten.
2 Geef eigen verantwoordelijkheid.
3 Laat ruimte voor eigen initiatief.
4 Durf teamgenoten te laten werken alsof het hun eigen winkel is.
5 Laat teamgenoten zelf oplossingen zoeken.
6 Bied hulp aan waar nodig.

3

Stille klagers

Dit hoofdstuk gaat over het motiveren van een specifieke groep medewerkers die je vast herkent in jouw omgeving: de klagers.
Ik zal uitleggen wat ik bedoel met klagers. Om te beginnen, klagers zijn er overal. Je vindt ze in elke familie, vriendengroep, werkgroep, afdeling en in elk elftal of bedrijf. Klagers zijn direct te herkennen, want ze zeuren altijd en over alles. Zelfs als alles goed verloopt, weten zij nog iets te vinden wat in hun optiek niet deugt. Het ligt daarnaast altijd aan de ander of aan de omstandigheden. Nooit aan de klagers zelf. Ze zijn als eerste weg als er iets moet gebeuren. Denken vaak in problemen en niet in oplossingen. Geven anderen de schuld en zorgen met hun houding dat de sfeer op z'n zachts gezegd beroerd is. Kortom, klagers zijn een rem op de vooruitgang en bovenal op het (werk)plezier van de groep. Een enorme potentie in resultaat blijft onbenut. De gehele groep komt hierdoor nooit in de flow.
Naast klagers kent een groep nog twee subgroepen: de toppers en de goeden.
Toppers. Mensen met wie je naar een onbewoond eiland zou gaan. Ze zeuren nooit, zitten vol energie, zijn de eerste die iets oppakken, werken altijd mee, denken aan een ander of zien oplossingen in plaats van problemen. Deze groep beslaat gemiddeld zo'n 10% van een gehele groep.
Goeden. Mensen die prima werken. Ze veroorzaken nauwelijks problemen en ze helpen elkaar indien nodig. Over het algemeen zijn de goeden rustig, betrouwbaar en loyaal. Ze vallen niet echt op en blinken niet echt uit, maar je kan absoluut niet zonder ze. Deze categorie is overigens de grootste groep en beslaat gemiddeld 80% van de totale groep.
Kortom, gemiddeld genomen bestaat elke groep van enige omvang uit 10% toppers, 80% goeden en 10% klagers. Laat het nou juist die kleine minderheid van klagers zijn die de boel kan verstieren voor de overgrote meerderheid.

TOPPERS EN GOEDEN VERDIENEN AANDACHT

Op deze groep klagers is de 80-20-regel van toepassing. Managers besteden vaak onbewust zo'n 80% van hun tijd aan de relatief kleine groep klagers. Dit klinkt misschien ongeloofwaardig, maar als je daadwerkelijk zou bijhouden hoeveel de manager van zijn tijd aan zijn klagers besteedt, dan zal dat niet ver van de 80% zitten. Hij houdt zo nog maar 20% van zijn tijd over voor de goeden en de toppers.

HOEVEEL TIJD BESTEED JIJ PER DAG AAN DE KLAGERS?

Er zijn twee voor de hand liggende oplossingen als het klagers betreft:

Oplossing 1: per direct afscheid nemen van de klager. De klager hoort immers niet thuis in jouw team en moet zo snel mogelijk het veld ruimen. Opgeruimd staat netjes. Grote kans dat dit lastig wordt, aangezien de klager dikwijls een survivalmodus kent. Hij weet zich al jaren te handhaven, waarbij niemand hem heeft durven aanpakken. Onvoldoende bewijs van zijn disfunctioneren staat een goedkoop en makkelijk vertrek in de weg. Daarnaast is het ook niet ongewoon dat juist deze klagers al aardig wat dienstjaren meedraaien, wat ook niet bijdraagt aan een lage vertrekpremie. Daar bovenop komt het aparte fenomeen dat bij een gelijkblijvende setting de plek van een weggestuurde klager weer vrijwel direct wordt ingenomen door een nieuwe klager. Ik heb het meerdere malen zien gebeuren. Er staat vanzelf een nieuwe klager op. Het lijkt een wet van Meden en Perzen. Binnen elke groep is er een verdeling, waaronder ook klagers zitten.
Kortom, oplossing 1, het wegsturen van de klager, is vaak een onnodig dure en vaak niet-werkende oplossing.

Oplossing 2: klagers aanpakken en mee zien te krijgen. Deze oplossing is wellicht iets lastiger, maar wordt wel vaker dan oplossing 1 toegepast. Ik verduidelijk het graag aan de hand van mijn eigen ervaring.

Jaren geleden kreeg ik een grote groep medewerkers onder mijn hoede. Trots als ik was en vol ambitie, ging ik direct aan de slag om de boel in beweging te krijgen.
Deze medewerkers werkten over het algemeen al geruime tijd voor het bedrijf en hadden al menig manager zien komen en vooral zien gaan. Algauw had ik teambesprekingen, afdelingoverleggen of plenaire sessies.

Ik zag het als mijn taak om het bedrijf een nieuwe richting op te sturen, om met een vernieuwd elan de klanten weer te gaan bedienen. Al snel stuitte ik op een aantal remmers. Jawel, de klagers. Medewerkers die continu 'JA, MAAR' zeiden. Medewerkers die de vinger in de lucht staken om hun cynische opmerkingen te mogen plaatsen en zo geen ruimte gaven aan hun welwillende collega's. Zeker in het begin ging ik – enthousiast als ik was – steeds in discussie. Niet doorhebbende dat ik in welles-nietesgesprekken belandde. Ik probeerde tevergeefs de klagers te overtuigen van mijn ideeën. Bij elke gelegenheid werd ik feller. Ik was er steeds meer op uit om deze mensen over de streep te krijgen. Ik had geen oog meer voor de andere medewerkers. Ik was enkel bezig die klagers te overtuigen. Goedschiks of kwaadschiks. Maanden gingen voorbij, totdat ik merkte dat ik opgebrand was door alle energie die ik erin had gestoken.
Het had niets uitgehaald, want de klagers waren geen millimeter opgeschoven. De eerste toppers vertrokken en de goeden waren bedrukt. Mijn ambitie was wreed de kop in gedrukt. Het beoogde resultaat van de afdeling, groep, bedrijf was ver te zoeken.

Oplossing 2 is net als oplossing 1 eigenlijk ook niet de oplossing.

Op het moment dat ik de handdoek in de ring wilde gooien, kwam een kennis met 'de kunst van het negeren'. Hij schetste mij twee plaatjes die ik nooit meer zou vergeten.

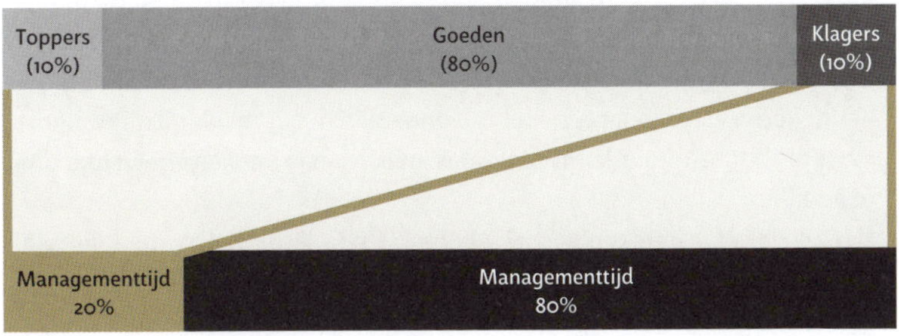

Figuur 12 Verkeerde tijdverdeling

Dit eerste plaatje geeft weer hoe het vaak gaat. 80% van de tijd gaat naar de verkeerde groep en nog maar 20% blijft over voor de juiste groep. De juiste groep die bovendien een veel groter aantal leden telt.

Juist hier zit de oplossing van het aanpakken van de klagers. Zie plaatje 2. Draai je tijdverdeling als manager radicaal om. Besteed nog hooguit 20% van je tijd aan de klagers (eigenlijk al veel te veel voor een populatie van ongeveer 10%).

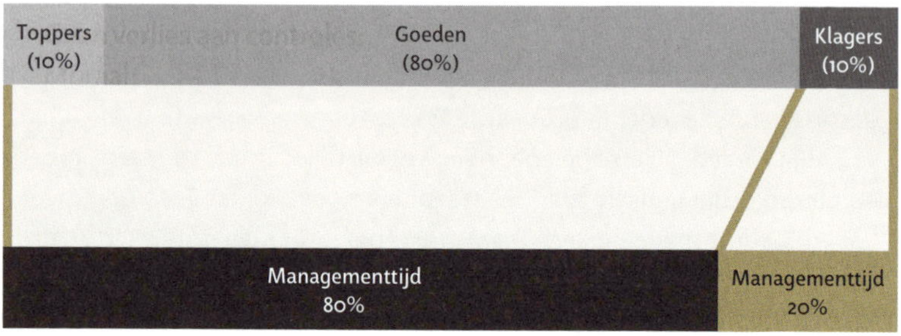

Figuur 13 Goede tijdverdeling

Door de nieuwe tijdverdeling krijgen de klagers minder een podium om te klagen. Klagers klagen dikwijls om de aandacht af te leiden van hun eigen ondermaatse inzet of incompetentie. Door de klagers het klagen te ontnemen, kunnen de klagers hun eigen tekortkomingen niet meer verhullen. Iedereen wint, behalve de klagers. De toppers krijgen weer de aandacht die ze verdienen. De goeden richten zich naar de toppers. De manager bespaart negatieve energie en bovenal is er weer positieve energie om aan de droom te werken.

Ik reed naar huis en besefte dat ik een belangrijke les had meegekregen. Dit was de oplossing. De volgende dag heb ik vol goede moed de draad opgepakt en heb ik de groep radicaal anders benaderd. Ik ben de klagers gaan negeren. Misschien is dit wel de beste omschrijving voor de aanpak: het negeren van de klagers. Het is wennen en het vergt wat acteertalent, maar als het resultaat komt (en dat is snel), dan is het zelfs geweldig om te doen.

NEGEREN. Wat betekende dit? Allereerst heb ik de hele groep verteld dat ik vanaf dat moment de klagers zou gaan negeren. Ik heb er dus geen geheim van gemaakt. Vervolgens heb ik de daad bij het woord gevoegd. Bij elke gelegenheid waarbij een klager opstond om weer eens het hoogste woord te voeren, deed ik net of ik het niet hoorde. Ik keek de andere kant op. Ik gaf aan dat het tijd was om op te staan of ik gaf een ander de beurt. Als ik iets moest weten, wendde ik mij altijd tot de toppers of goeden. Als ik nieuwe gereedschappen, computers of andere middelen

had te verdelen, begon ik bij de toppers en de goeden. Misschien hield ik op het eind nog wat over voor de klagers. Gesprekken hield ik met iedereen behalve de klagers. De klagers werden nerveus, want met alle positieve collega's was reeds gesproken, maar nog niet met hen, terwijl zij altijd vooraan stonden met hun commentaar. Soms gingen maanden voorbij vanaf het flauw negeren van de klager tot het moment waarop hij zelf dan maar om een gesprek vroeg. De eerste keer zei ik dat ik het was vergeten. De tweede keer gaf ik aan dat ik het druk had en dat het over twee weken wel kon. Steeds hield ik weer de boot af.
Meteen merkte ik al resultaat. Het eerste resultaat lag nog niet bij de klagers, maar bij de andere twee groepen. Dit gebeurde direct en was laaghangend fruit. Met het negeren van de klagers kwam er simpelweg tijd en energie vrij voor de positieve mensen in het bedrijf. Kort daarop, en dan spreek ik over enkele maanden, kwam ook het tweede effect naar boven. De klagers werden stiller en zelfs wat positiever. Het loonde immers niet meer om te klagen.
Wat er en passant gebeurde, was iets wat ik niet had verwacht. Tot op de dag van vandaag zie ik het echter steeds weer gebeuren. De groep van toppers en goeden sprak nu zelf de klagers aan. Waar ik als manager eerst in mijn eentje de strijd aan het voeren was, voelden de positieve mensen zich nu sterk genoeg en door mij gesteund om ook eens de klagers de mond te snoeren of te wijzen op hun verantwoordelijkheden. Wat is er nu krachtiger voor het teamproces dan teamgenoten die elkaar corrigeren?

Om te negeren, zijn naast acteertalent ook durf en uithoudingsvermogen nodig. Durf het uit te spreken en het simpelweg te doen. Durf je aandacht helemaal te verleggen naar de positievelingen, ondanks dat je weet dat de negatieve stroom zeker in het begin zal blijven bestaan. De klagers zullen mopperen en dat vaak ook nog achter je rug om. Recht je rug, trek je er niets van aan en negeer ze.
Negeren vergt ook doorzettingsvermogen, want de klagers zijn hardnekkig. Ze weten en kunnen immers weinig anders dan klagen. Het zit in hun DNA. Ik noem ze niet voor niets beroepsklagers. Toch zal je merken dat met enig doorzettingsvermogen het klagen vrij snel minder wordt. De klagers leren steeds beter hun positie binnen het team kennen en voeren al snel stilzwijgend hun werk uit.

ACTEER OM KLAGERS TE NEGEREN

Je krijgt er gratis een voordeel bij. Het lekken van jouw spaarzame energie stopt. Je krijgt vrijwel direct weer positieve energie van de goede verhoudingen met en acties van de goeden en toppers. Dit is een wisselwerking. Doordat jij weer meer tijd en aandacht geeft aan de positievelingen, komen zij beter tot hun recht, wat weer meer positieve energie geeft.
Dit geeft vleugels en zorgt voor een geheel nieuwe dynamiek. Het is niet een kwestie van geld, maar vooral van tijd. Met een andere tijdverdeling komt het plezier en daarmee het resultaat vanzelf weer bovendrijven.

Het kan eenvoudig:

1 Meld duidelijk dat je de klagers gaat negeren.
2 Negeer de klagers.
3 Geef aandacht aan de toppers en goeden.
4 Teamgenoten gaan de klagers corrigeren.
5 De klagers worden stiller.

4

Klein is fijn

Veel managers staan na de overdracht van hun voorganger te popelen om het roer om te gooien. Fris aan de leiding gekomen en vol nieuwe plannen, denken veel managers het de komende regeerperiode helemaal te gaan maken. Vaak aangemoedigd door hun bazen.

Deze gezonde ambitie en dit enthousiasme vind ik fantastisch. Veranderingen of koerswijzigingen zijn nodig, omdat de wereld niet stil staat. Wensen van klanten veranderen en de maatschappij is een levendig iets. Wat wel opvalt, is dat vaak snel afscheid wordt genomen van veel zaken die zijn ingevoerd door de voorgangers. Om het verschil te maken en zich als manager te onderscheiden, worden veel nieuwe ideeën aangevoerd. Oude plannen, ideeën, processen, medewerkers en werkmethodes worden overboord gegooid. Een net geïmplementeerd ERP-pakket wordt ingewisseld, afdelingen gaan op de kop, er gaan mensen in en uit, ICT wordt buiten de deur gezet in India of de productie wordt gecentraliseerd.

Het roer om door een of meerdere grote wijzigingen door te voeren, vergt veel tijd en energie. Het is vaak afwachten of het doorvoeren van de grote wijziging wel slaagt zoals op papier is bedacht. Een zwaar onderschat element is hierbij de mens. Ieder mens is a priori tegen veranderingen. In feite zijn wij gewoontedieren, die het heerlijk vinden om te weten wat er morgen gebeurt. Het is niet zozeer de verandering als wel de onzekerheid, die de mens nerveus maakt.

VERANDEREN? OK. VERRASSINGEN? O JEE

Met verrassingen kunnen wij vaak moeilijk omgaan. Je weet wat je nu hebt. Het is altijd afwachten wat je krijgt met een verandering. Zelfs positieve veranderingen, waarbij mensen het rationeel goed kunnen volgen en omarmen, zijn soms moeilijk te verwerken.

Dat veranderingen gepaard kunnen gaan met emoties is mij wel duidelijk geworden.
Jan Boom en ik hadden in 2007 Aldowa overgenomen en wilden meteen alles vol enthousiasme anders aanpakken. Het bedrijf was 30 jaar oud en op zijn zachts gezegd verouderd. De ene verandering volgde op de andere. Wij waren het er allemaal over eens dat de veranderingen broodnodig waren. Toch kwam er een moment dat ik nooit zal vergeten. Enthousiast vanwege een nieuw idee, begon ik de dag met het fysiek wijzigen van een opstelling in de fabriek. Hierdoor zouden de mensen minder hoeven te lopen. Positief, toch? Bizar genoeg liep een oudgediende echt boos en zelfs in tranen weg. Gelukkig had ik het op tijd door. Bekomen van de schrik liep ik snel achter hem aan. Zijn reactie was voor mij een wijze les. 'Allard, we weten dat je het goed bedoelt, alleen, zoveel veranderingen kunnen wij niet aan. De verandering zelf is positief. De verrassing maakt ons gek.'

Gooi het roer niet in één keer radicaal om. Houd de veranderingen klein en zorg dat de mensen de tijd krijgen om aan veranderingen te wennen. Dit betekent absoluut niet dat je altijd op de rem hoeft te staan. Als manager moet je de veranderingen stimuleren, helpen doorvoeren en er tempo in houden. Maar af en toe de veranderingen laten bezinken, kan geen kwaad.
Tijdens het doorvoeren van te grote wijzigingen kan een bedrijf en zijn medewerkers volop bezig worden gehouden met de interne zaken. Alle aandacht ligt bij het proces, de middelen of de medewerkers. Intern gefocust. Men vergadert, maakt plannen, overlegt en gaat bijvoorbeeld elke dinsdag op training om het nieuwe systeem te leren kennen. Al deze tijd is de medewerker niet bezig met waar het om gaat: de klant goed helpen.
Samenvattend, te grote veranderingen ineens:

a kosten veel tijd en energie;
b zijn risicovol;
c duren vaak lang voor eerste resultaten zichtbaar zijn;
d zijn te intern gefocust.

Het kan eenvoudig. Gooi het roer geleidelijk om. Geleidelijk, door kleine stappen te nemen. Dit kost veel minder energie, gaat sneller en is effectiever. Resultaat: minder risico's en er blijft tijd over om de klanten te blijven bedienen. Slaagt een kleine verandering, dan creëert dit momentum. De positieve energie van een geslaagde verandering geeft medewerkers motivatie om verder te veranderen. Het geeft positieve energie bij klanten, die merken dat er iets verandert. De medewerkers zijn nog bereikbaar voor de klanten, omdat ze niet in een grote heisessie zitten voor het nieuwe ERP-pakket. De klant krijgt geen gefrustreerde medewerker aan de lijn die baalt van weer een nieuw systeem.

WELKE GROTE VERANDERING SPEELT ZICH BIJ JOUW BEDRIJF MOMENTEEL AF?

Tien kleine veranderingen zijn makkelijker en daarmee leuker dan één grote. Ze leiden minder af van het werk, dat door moet gaan. Het kan vaak tussen de bedrijven door plaatsvinden. Mocht een kleine verandering mislukken, dan is er nog geen man overboord. Het gebeurt niet zelden dat met een kleine aanpassing de verandering alsnog succesvol is. Voordat je het weet, hebben die tien kleine veranderingen meer bewerkstelligd dan die ene grote.

KLEINE STAPPEN, SNELLER FEEST

Binnen ons bedrijf hebben wij de overgang van Autocad naar 3D-tekenen meegemaakt. Tekenen in het 2D-tekenpakket Autocad ging prima en voldeed. Echter, met de moderne technieken was een overstap naar 3D een logische stap. Dit zou betekenen dat in één keer alle tekenaars naar een nieuw pakket over zouden gaan. In een training iedereen laten omscholen. Nieuwe software aanschaffen en alles wat erbij komt kijken. Logisch, toch?
Toch hebben wij dit niet gedaan. Wat dan wel?
De tekenaars hebben eerst iemand uit hun midden naar voren geschoven om als eerste te starten met het nieuwe pakket. Hij is naar een opleiding geweest, één pakket is aangeschaft en een eerste project is getekend in 3D. Na vallen en opstaan is een volgend project gestart met 3D en is een collega aangeschoven. In vele stappen is de transitie gemaakt van 2D-naar 3D-tekenen. Na twee jaar was de gehele groep over op 3D-tekenen. Ja, een relatief lang traject. Wel een gedegen traject, waarbij de trein gewoon door kon rijden. Klanten konden bediend blijven worden. De tekenaars konden leren van de fouten. De risico's van afbreuk waren laag. De tekenaars hadden er lol in en zagen het niet als een hete aardappel die moest worden doorgeslikt.

Met kleine stappen per dag zijn de veranderingen niet snel zichtbaar, maar na een tijd is de verandering groot. Vele kleine stapjes maken een grote. Al veranderen we maar 2% per dag of per week, dan komen we heel ver. Stel je eens voor, 2% per dag, per week. Dat klinkt niet veel, toch? Maar elke dag of week 2% is aan het eind van het jaar een enorme sprong.
Soms abrupt iets veranderen, kan natuurlijk nooit kwaad. Zeker als iedereen moet worden wakker geschud. Een andere indeling van kantoor bijvoorbeeld kan ervoor zorgen dat iedereen alert wordt en niets als vanzelfsprekend beschouwt. Maar over het algemeen is het zetten van vele kleine stapjes het eenvoudigst om te doen, om uiteindelijk grote stappen te hebben gemaakt.
Veranderen is gewoon een kwestie van doen. Niet te veel denken en alles tot op de laatste komma helemaal op de tekentafel uitwerken. Durf gewoon iets beet te pakken en te veranderen, zonder al te veel herrie eromheen te maken. Als het de eerste keer nog niet helemaal perfect is, pas het dan gewoon aan.
Een groot nadeel van iets groots ineens willen veranderen, is dat het dan niet gebeurt. Dit klinkt misschien raar, maar soms neem ik waar dat bedrijven niet verder komen. Ze zijn op zoek naar de kip met gouden eieren. Soms bestaat de ideale oplossing niet en dan kan je er lang naar zoeken. Door juist te starten, al is het nog niet perfect, komt men in beweging.

VERANDEREN START MET EEN EERSTE STAP

De verandering is dan misschien nog niet ideaal, maar er is een begin. Als je dan volhoudt en ermee werkt, zal je zien dat de teamgenoten het verder gaan perfectioneren. Voordat je het weet, is het ideaal. Voordat je het weet, hebben teamgenoten er zelf aan meegewerkt en zijn klanten meer tevreden. Dit is goed voor de moraal en de klanttevredenheid. Er is dan geen theoretische oplossing ingevoerd, maar een door de praktijk getoetste, werkende oplossing.

Niets doen is geen optie. Stapsgewijs veranderen is goud.

Het kan eenvoudig:

1 Verdeel een groot project in kleine delen.
2 Probeer het eerst eens uit met één persoon, klant of machine.
3 Bij succes: vier de eerste stap.
4 Pak het volgende deel.
5 Enzovoort.

5

Waardevolle waarnemingen

De manager die de maandelijkse, wekelijkse of zelfs dagelijkse rapporten of lijstjes verlaat en meedoet op de vloer, klanten bezoekt, teamgenoten helpt, en durft te vertrouwen op zijn eigen waarnemingen, weet het best hoe zijn bedrijf ervoor staat. Deze manager mag weer vertrouwen op zijn eigen waarnemingen. Deze manager draagt meer bij aan het bedrijf en zorgt voor beter contact met medewerkers. Het is goed voor de moraal en hij verliest en passant ook nog minder tijd met het controleren van feiten van gisteren.

De manager die vanaf papier of achter de laptop stuurt, leeft niet in het heden, maar is bezig met cijfers en feiten, vaak uit het verleden. Niet onbelangrijk, hij houdt teamgenoten onnodig aan het werk om al die controlelijstjes te maken.

HOEVEEL TIJD BRENG JIJ VANDAAG DE DAG ACHTER JE BUREAU MET DE THEORIE DOOR?

Niet voor niets bestaan er tv-formats als 'Baas over de vloer' of 'Undercover Boss'. Als we ernaar kijken, zijn we allemaal verbaasd over hoe weinig de manager eigenlijk weet van wat er echt speelt in zijn bedrijf of groep. Van wat er dagelijks leeft, welke ideeën er zijn of welke problemen er heersen. Vaak heeft hij niet meer door hoe makkelijk er iets aan de problemen of met de ideeën gedaan kan worden.

Je moet eerst die vloer op, om het met eigen ogen te zien en beleven.

In een vorige werkomgeving was ik elke maandag aan het worstelen met veertig pagina's vol indrukwekkende getallen en feiten. Niet alleen de omzet en stand van debiteuren, maar ook de accountability per medewerker, verhouding direct-indirect, percentages per PMC, enz. Alles stond er perfect in. Aan de getallen twijfelde ik niet. Er werkten immers drie man dag in dag uit aan deze rapporten. Alleen, tegen de tijd dat ik alles had gelezen, doorgerekend en op een rijtje gezet, was de week alweer voorbij. Tegen die tijd waren de rapporten oud nieuws en had niemand mij gezien of gesproken.

Eén ochtend rondlopen en meedoen, levert meer op dan veertig pagina's lezen. Check je banksaldo. Draai een uur mee met productie. Loop mee met een servicemedewerker. Praat met medewerkers. Kijk of er gewerkt wordt, of apparaten stilstaan, of er veel afkeur ligt, of er chaos is of rust. Help een uur met het maken van offertes. Bel zelf een klant en spreek met verkoop.

ZIEN EN GEZIEN WORDEN

Als je dit met oprechte intenties doet en je laat leiden door je eigen waarnemingen, zal je na één rondgang goed weten wat de financiële situatie is. Je zal meer weten van je medewerkerstevredenheid, de hoeveelheid werk, de efficiency van je processen, de workload en bijvoorbeeld de tevredenheid van de klanten. Eén klagende klant is duidelijker dan een hele enquête naar klanttevredenheid. Met je medewerkers praten over de gang van zaken is tien keer effectiever dan één onderzoek naar de tevredenheid onder de medewerkers. Zien of de medewerkers lekker aan het werk zijn, in plaats van veel op en neer lopen, zien of machines draaien, of er veel voorraad is, of juist veel afkeur, of er wordt gefactureerd en ervaren wat de sfeer is tijdens pauzes, vertelt meer dan veertig pagina's lezen per week.

Zo ken ik managers die, als ze op bezoek gaan bij een partner, een klant, een leverancier of zelfs bij een eigen onderdeel, via de 'achterdeur' de vloer opgaan. Dit om met ogen te kijken en beleven wat er gebeurt. Is het druk of niet? Is het rommelig of juist opgeruimd? Wat is de sfeer? Vaak krijgen ze dan een andere indruk dan wanneer ze direct met de klant, projectleider of tegenspeler een kantoor in zouden duiken.

Ook hier geldt dat een zichtbare manager beter is voor de moraal binnen het team. Dit krijg je er gratis bij. Het goud ligt wederom voor het oprapen. Denk zelf maar na wat het met jou zou doen als jouw manager zich weinig liet zien. Als je een afspraak moest maken om met hem bij te praten en je de werkelijke situatie zelden in zijn verhalen terug hoorde.
Een manager kan daarentegen ook meehelpen, luisteren naar zijn teamgenoten en zich laten informeren door de klanten. Grote kans dat die laatste manager wordt gewaardeerd, meer voor elkaar krijgt en een beter beeld heeft van de werkelijkheid.
Zelf ga ik altijd aan het begin van een nieuwe uitdaging, periode of project eerst zelf een tijd meewerken op de vloer. Horen en zien wat er leeft, voordat ik vanuit mijn eigen perceptie en theorie plannen ga maken. De vloer op betekent dan ook echt meedoen. In hetzelfde ritme als de medewerkers, met dezelfde middelen, in dezelfde outfit, om ook hetzelfde werk te doen. Niet enkel vanaf de zijlijn meekijken. Laat de medewerker jou vertellen wat en hoe het moet gebeuren. Hij is op dat moment de manager. Zo krijg je het meeste mee van de praktijk.
Laat je op die momenten niet leiden door mogelijke critici die zullen beweren dat je daar te goed, te duur of te hoogopgeleid voor bent. Dit is juist de kans om goed te zien wat het werk, het proces of de klanten inhoudt. Neem juist in het begin vooral je tijd en doorleef het goed. Hiermee win je inzicht voor later en respect bij je klanten en vooral je team. Het is dan veel makkelijker om de jaren na jouw introductie op de vloer te blijven komen. Eventuele drempels om je onder je teamgenoten te begeven, bestaan dan niet.
Bij de omslag van minder achter je bureau naar meer op de vloer is het wel zeer belangrijk dat je leert te vertrouwen op je eigen waarnemingen. Managers willen vaak zaken wetenschappelijk bewijzen, vastleggen in plannen of toetsen met theorieën. Natuurlijk, zaken kunnen frequent worden getoetst of gemeten, maar sla hier niet in door.

VERTROUW JE EIGEN WAARNEMING

Die bedrijven die buitenstaanders inhuren om te meten hoe ze ervoor staan, vind ik de meest extreme gevallen. Uiteraard kan het best goed zijn dat een buitenstaander eens met een frisse blik naar jouw bedrijf of team kijkt, maar niet als dat is uit onmacht van de manager om te vertrouwen op zijn eigen waarnemingen. Of op de waarnemingen van alle teamleden. Zo'n manager wil het graag laten afhangen van andermans oordeel, terwijl hij naar mijn idee vaak dondersgoed weet wat de status is. Een rapport door derden laten opstellen, komt op mij over als een schijnzekerheid. Wat mij dan nog het

meest verbaast, is dat zo'n rapport dikwijls in de onderste la verdwijnt en er uiteindelijk niets mee wordt gedaan.
Ik ben wel een enorme voorstander van het bijhouden van de score. Dit is echter van een hele andere orde dan het voorgaande. Wat ik bedoel met het bijhouden van de score, is het volgende. Een voetbalwedstrijd zonder uitslag is niet echt een wedstrijd. Je wil wel weten waar je staat. Of je voor staat of juist achter. Of je nog kan winnen. Dit is voor mij niet echt meten in de zin van bijhouden zodat je er later reactief iets mee kan doen. Nee, dit is voor mij proactief kunnen sturen tijdens de wedstrijd. Ik besef dat werken geen wedstrijd is. Toch kan je er een sport van maken om met je team te presteren. Een sport om de klant zo goed mogelijk te helpen.

Op een van mijn excursies kwam ik bij Carglass in de ruimte waar het callcenter actief is. Hier hangt een digitaal bord waarop de callagents de actuele wachttijd van de eerstwachtende klant groot kunnen zien. Het is daar een sport om als team deze wachttijd niet te hoog te laten oplopen en daarmee de klant snel (en goed) te helpen.

Dit voorbeeld bij Carglass laat zien dat het digitale bord niet 'alleen' informatie voor de manager is. Lopen ze voor of achter? Is de wachttijd hoog of laag? Het is informatie waarop de medewerkers direct kunnen acteren. Dit is heel anders dan alle rapportages op basis waarvan een manager vaak vanachter zijn bureau in zijn eentje zijn werk bepaalt.
Een andere manier voor de manager en de teamleden om goed te weten wat er speelt binnen het bedrijf, zijn dagelijkse of periodieke meetings. Zogenaamde daily stands of scrums. Het is een staande bijeenkomst van zeer korte duur, circa tien tot vijftien minuten, waarbij iedereen elkaar op de hoogte brengt, zonder al te diep op de inhoud in te gaan. Dit zorgt voor betrokkenheid, het voorkomen van fouten en, heel belangrijk, het zorgt ervoor dat iedereen weet hoe de vlag erbij hangt. Je kan algemene scrums houden en specifieke scrums voor alleen de commerciële activiteiten of bijvoorbeeld een lopend project. Zulke meetings dienen een min of meer verplicht karakter te hebben, waar je als teamgenoot aan deelneemt. Je bent alleen vrijgesteld van deelname als een klant op je zit te wachten.
Belangrijk hierbij is dat niet de manager de daily stand leidt, maar per toerbeurt een andere teamgenoot.

Figuur 14 Een daily stand in de openlucht

Vaak helpt een vaste systematiek met het doornemen van bijvoorbeeld de volgende vier vragen:

1 Wat ging gisteren goed?
2 Wat ging gisteren niet goed?
3 Wat is er voor vandaag te doen?
4 Wat zou er eventueel mis kunnen gaan?

Dit zijn slechts voorbeeldvragen, elke andere opzet is ook mogelijk.
Door dit systematisch te doen op diverse plekken in je bedrijf, krijg je live een uitstekend beeld van wat er speelt binnen het bedrijf.
Meten is weten, zelf ervaren is effectiever. Je bent waarschijnlijk manager geworden omdat je slim, handig, snel en goed bent. Laat je doen en laten niet te veel afhangen van wat anderen allemaal rapporteren of doorgeven. Vertrouw op je vaardigheden en durf wat je waarneemt te vertalen in doelen en acties.

Het kan eenvoudig:

1 Stop met het bestuderen van overbodige rapporten.
2 Kom vanachter je bureau en loop rond.
3 Vraag aan teamgenoten hoe het gaat.
4 Wees wel oprecht geïnteresseerd.
5 Doe mee met het maken van een offerte of een product.
6 Bezoek een klant en vraag naar zijn verhaal.
7 Bespreek elke dag kort met je team wat speelt.

6

Rustiger, rustigst, rust

Het hierop volgende is iets wat ik enorm vaak toepas, zowel in mijn werk als privé. Dit geeft mij rust.

Wat ik veel om me heen zie, zijn medewerkers die altijd druk zijn. Met druk zijn is niets mis. Zolang 'druk' betekent: lekker aan het werk zijn. Zolang het energie geeft, is druk bezig zijn niet verkeerd. Maar het ligt anders als medewerkers ongewild druk zijn. Als je deze mensen vraagt hoe het gaat, zeggen ze als eerste dat ze het zo druk hebben. Ze weten van voren niet meer hoe ze er van achteren uitzien. Het is chaos, niet meer te overzien. Vaak geeft de persoon zelf aan er gestrest of ongelukkig van te worden. Als ze het zelf doorhebben, geven ze dikwijls te kennen het zo niet lang vol te houden. In deze setting is druk zijn wel verkeerd.

Ik heb het hier over die drukke collega die je mogelijk herkent. Hij is vaak te laat. Zijn telefoon rinkelt continu. Hij belt zelden terug. Zijn bureau ligt vol, overal notities, terugbelverzoeken en hij is vaak dingen kwijt. Hij werkt hard en is altijd druk met ogenschijnlijk belangrijke zaken. Hij rent van incident naar incident, lost dingen tussendoor op en oogt zeer actief. Het is moeilijk om een afspraak te maken, want hij is altijd bezig. Voor de goede orde: ik heb het hier over medewerkers die over het algemeen goed werk verrichten, op een bepaalde manier best waardevol voor de onderneming zijn en zeker geen vervelende collega zijn. Ze behoren meestal niet tot de groep klagers. Het zijn de collega's waar men van denkt dat ze de belangrijkste medewerkers in het bedrijf zijn. Dat ze onmisbaar zijn. Ergens in ons systeem zit geprogrammeerd dat als iemand druk is, dit een positief gegeven is. Immers, deze medewerker moet wel heel belangrijk werk doen, als hij zo druk is. Hij komt niet voor niets altijd te laat voor een bespreking en is ook vaak de eerste die weer weg moet naar een volgende belangrijke afspraak. Niet voor niets rinkelt de telefoon van deze persoon vaker tijdens een gesprek of meeting. Niet voor niets ligt zijn bureau vol met documenten en notities. Hij zit nooit stil, heeft geen tijd voor lunch en lost de hele dag dingen op.

WAT IS JOUW ANTWOORD ALS IEMAND JOU VRAAGT HOE HET MET JE GAAT?

De ideale, hardwerkende medewerker, toch?
Mis. Deze medewerker blust inderdaad de hele dag brandjes. Geweldig. Het zijn alleen de brandjes die hij zelf heeft aangestoken, doordat hij de dag(en) ervoor de brand niet wist te voorkomen. Hij vergeet vaak te plannen en te organiseren. Hij zit gevangen in zijn eigen web. Door onvoldoende met morgen bezig te zijn, blust hij de hele dag brandjes. Doordat hij brandjes blust, kan hij niet met morgen bezig zijn. Zie daar, deze medewerker weet op een gegeven moment niet beter dan dat dit normaal is. Hij komt zelf niet meer uit dit web. Een klassieke *Catch-22*.
Daar komt bij dat de omgeving hem vaak als de ideale medewerker ziet. Het zijn de stoere brandweerlieden die het vuur doven. Zij krijgen complimenten als ze de brand weer weten te blussen. Zij zijn in de loop der tijd meesters geworden in het oplossen van zaken. En als je genoeg brandjes moet blussen, word jij er vanzelf goed in.
Deze brandweermannen komen 's avonds echter uitgeblust thuis en ze kunnen een ergernis voor hun omgeving zijn. Hun teamgenoten zullen zich ondanks het heroïsch brandjes blussen ergeren aan het te laat komen, het rennen, het niet terugbellen, het vergeten van afspraken of het moeilijk aanspreekbaar zijn van diezelfde brandweermannen.
Deze brandweerlieden staan begrijpelijkerwijs meer in de schijnwerpers dan die teamgenoten waar ogenschijnlijk weinig bij gebeurt. Die teamgenoten die wel altijd op tijd zijn, zelden iets hoeven te zoeken, waarvan de klanten nooit klagen en die eigenlijk zelden een incident oplossen (die zijn er simpelweg niet). Ik heb het hier niet over teamgenoten die niets doen in een bedrijf, waardoor de kans op te laat komen of het hebben van een incident 0% is. Nee, ik heb het hier over teamgenoten die net zoveel werk verzetten (waarschijnlijk zelfs meer) als die drukke brandweermannen.

ZONDER BRAND HOEF JE NIET TE BLUSSEN

Deze teamgenoot kan wel op tijd naar huis. Hij heeft een opgeruimde werkplek, zijn telefoon gaat opvallend weinig over en hij is vaak aanspreekbaar om iets door te nemen. Al snel wordt gedacht dat deze teamgenoot te weinig werk heeft, het allemaal te makkelijk aan kan of niet echt zijn best doet.
Of heeft deze persoon het gewoon beter voor elkaar? Is het juist die topper die positieve energie in het werk stopt door een belangrijk deel van de dag vooruit te kijken om brandjes te voorkomen? Is het juist die topper die zijn eigen werk en omgeving organiseert en standaardiseert, zodat alles volgens het plan kan verlopen? Deze persoon verliest geen tijd met zoeken, en is het incident altijd net voor. Hij belt proactief of zijn klant tevreden is. In zijn eigen tijd, wanneer het hem uitkomt. Mocht er iets mis zijn, dan is de kans groot dat het nog niet te laat is en dat het met wat eenvoudige maatregelen zo op te lossen is. Met het grote voordeel dat de klant het zal waarderen dat er proactief wordt gevraagd naar de gang van zaken.
Altijd beter dan het crisistelefoontje van die ontevreden klant, dat altijd komt op een ongelegen moment, als je net naar huis wilt gaan, in bespreking zit, of op het moment dat je het druk hebt met andere zaken.
Om voorgaande te verduidelijken, volgt hier een beschrijving met bijhorende matrix. Dit is absoluut niet mijn eigen theorie. Ik beschrijf in mijn woorden de principes bedacht door Stephen Covey. Zijn theorie is onder meer beschreven in zijn bestseller *The 7 habits of highly effective people*. Zijn gedachtegoed is zo krachtig dat ik dit graag gebruik in mijn leven en ook aanhaal in dit boek. Stephen Covey heeft voortgeborduurd op een bekende uitspraak van Dwight D. Eisenhower:

> **'Most things which are urgent are not important,**
> **and most things that are important are not urgent'**

Stephen Covey hanteert een doeltreffende matrix. Deze wordt ook wel de Eisenhower-matrix genoemd. Hij maakt hierbij onderscheid tussen enerzijds zaken die belangrijk en niet belangrijk zijn en anderzijds zaken die urgent en niet urgent zijn.

	Urgent	Niet urgent
Belangrijk	1 • Crisissituaties • Dringende problemen • Deadlines • Verstoringen • Spoedoverleg REACTIEF – CRISIS – STRESS – NEGATIEF	2 • Voorbereiding • Preventief onderhoud • Ontwikkelgesprek • Planning • Relaties ontwikkelen PROACTIEF – PLANNEN – RUST – POSITIEF
Niet belangrijk	• Overbodige onderbrekingen • Onnodige rapporten en verslagen • Onbelangrijke vergaderingen, telefoontjes, e-mails • Aapjes die anderen op je schouder willen zetten BEZIG ZIJN MET NIETS 3	• Overbodig kletsen • Schijndrukte • Klusjes om in weg te vluchten • Onbelangrijke e-mail/ cc's van mails • Excessief tv en internet bekijken ZONDE VAN DE TIJD 4

Figuur 15 De Covey-matrix

Uitleg kwadranten:
Kwadrant 1: **belangrijk – urgent**:
Zaken die essentieel zijn voor het bedrijf en echt nu spelen. Zaken die gebeuren omdat iets niet goed gaat of goed is geregeld. Het is heet. Geen tijd te verliezen. Het moet nu gebeuren. Alles is reactief. Je wordt geleefd door alles wat je overkomt.

Kwadrant 2: **belangrijk – niet urgent**:
Zaken die essentieel zijn voor het bedrijf, maar óf pas in de toekomst spelen, óf nooit zullen spelen omdat je het nu regelt. Er is in ieder geval nog de tijd en rust om iets proactief te doen.

Kwadrant 3: **niet belangrijk – urgent**:
Onbelangrijke zaken voor het bedrijf, maar ze gebeuren wel nu. Deze dingen overkomen je. Ze voegen alleen niets toe aan wat je aan het doen bent.

Kwadrant 4: **niet belangrijk – niet urgent**:
Onbelangrijke zaken voor het bedrijf en ze hebben totaal geen haast. Het zijn dingen die je zelf opzoekt om nu te gaan doen, terwijl ze totaal niets bijdragen.

Om de indelingen in de verschillende kwadranten wat te verduidelijken, heb ik enkele voorbeelden in het navolgende schema opgenomen.

	Urgent	Niet urgent
Belangrijk	1 • Ontevreden klant te woord staan; • Ontevreden medewerker wil gesprek, omdat hij baan wil opzeggen; • Repareren van kapotte machine; • Herstellen van verkeerde levering; • Moeten zoeken van belangrijke offerte als klant erover belt.	2 • Relatiebezoek aan klant; • Functioneringsgesprek met teamgenoot; • Dagelijks ordenen e-mails; • Preventief onderhoud machines; • Reserveren spreekkamer; • Inwerken nieuwe teamgenoot; • Ordenen van de offertes op volgorde; • Vervanger regelen voor vakantie.
Niet belangrijk	• Rinkelende telefoon aannemen van een enquêteur; • Reageren op elk piepje van binnengekomen mails; • Onbelangrijke vergadering; • Onverwacht bezoek van een vertegenwoordiger. 3	• Roddelen over een oud-collega; • Het weer in Timboektoe opzoeken op internet; • Allerlei klusjes om in weg te vluchten; • Statusupdates op Facebook liken; • Twintig keer per dag e-mails checken. 4

Figuur 16 De Covey-matrix ingevuld met voorbeelden

Met de 4 kwadranten kan duidelijk gemaakt worden in welke setting iemand opereert. Er zijn mensen die in de verkeerde kwadranten 'zitten'. In een kwadrant waar het werk veel stress oplevert, kwadrant 1, of waar ze bezig zijn met totaal onbelangrijke zaken, kwadranten 3 en 4.

BELANGRIJK – NIET URGENT IS BELANGRIJK

Om effectief te zijn, je werk te beheersen, is kwadrant 2 de plek waar je moet zijn.
Voor de medewerkers die vooral in kwadrant 1 zitten, is het een Catch-22. Doordat ze druk zijn met brandjes blussen, hebben ze onvoldoende tijd om proactief zaken aan te pakken en te plannen. Ze komen moeilijk in kwadrant 2. Omdat ze niet in kwadrant 2 opereren, blijven ze in kwadrant 1, enz., enz.
Er is een oplossing of een weg voorwaarts. Dit zal niet makkelijk zijn als je het al jaren op de 'verkeerde' manier doet. De oplossing is een kwestie van gewoon doen. Je moet eerst inzien dat je in het verkeerde kwadrant opereert. Je merkt dat je achter de feiten aanrent en dat dit niet normaal is. De wil om dit te veranderen is een kwestie van de juiste mindset. Het is allemaal geen rocketscience en het is niet zo dat er ingewikkelde trainingen of opleidingen voor nodig zijn. Het is niet zo dat je een bepaalde achtergrond nodig hebt. Uiteraard zal de een het wat betreft karakter meer in zich

hebben om in kwadrant 1 te opereren dan de ander. Toch kan iedereen het veranderen, als je maar wil.
Doorloopt de brandweerman de volgende stappen, dan komt hij een heel eind:

Stap 1: sta stil bij je eigen werkomgeving en hoe je je werk doet. Vul voor jezelf de kwadranten in met dingen die je op een dag of in een week hebt gedaan. Wees daarin heel eerlijk naar jezelf en probeer ook de kleine dingen te benoemen. Hoe ziet jouw indeling eruit? Zit je vooral in kwadrant 1 of toch nog relatief veel in kwadrant 3 en 4?
Ben je aan de eind van de week altijd kapot en ben je blij dat het weekend is? Ben je voor je gevoel en ook in praktijk vaak te laat? Loop je achter de feiten aan en ben je blij als alles weer net is gelukt aan het eind van de dag?
Een goede graadmeter is ook vaak je privéleven. Alhoewel sommige mensen privé totaal anders kunnen zijn dan op hun werk en vice versa. Ga na of je privé ook vaak voor verrassingen komt te staan en daarmee in kwadrant 1 actief bent. Wees eerlijk en vraag je zelf goed af of kwadrant 1 jouw setting is. Zo ja, sta hier dan bij stil. Wil je dit voor de rest van je leven? Zo nee, dan zal je er wat aan moeten doen. Dit is simpelweg een knop omzetten. Dit kan overnight. Morgen wil je dit niet meer. Je bent er klaar mee. De sleutel ligt bij jezelf. Kijk niet naar je omgeving of alle redenen waarom het niet zou kunnen. Besef dat er maar één de baas is over jouw doen en laten en dat ben je zelf. Ik noem dit het bewust-zijn van je onbekwaamheid en de eigen wil om er verandering in te brengen.

Stap 2: stop met onbelangrijke zaken. Neem afscheid van activiteiten uit kwadrant 3 en 4. Stoppen met activiteiten uit kwadrant 4 is het makkelijkst, aangezien je deze onbelangrijke zaken, die totaal niet urgent zijn, vaak bewust of onbewust zelf opzoekt. Ze zijn niet urgent, toch ben je ermee bezig. Ze overkomen je niet. Vraag jezelf steeds het volgende af: is dit belangrijk? En: moet dit nu? Is het antwoord twee keer 'nee', dan gewoon stoppen met die activiteit.
Kwadrant 3 is moeilijker om van weg te blijven, aangezien dit vaak zaken betreft die je overkomen. Ze zijn urgent. Ze duiken plotseling op. Een medewerker die je stoort met een onbelangrijke vraag. Je mobiele telefoon gaat af, want een onbeduidende telemarketeer heeft je nummer ergens gevonden. Voor hetzelfde geld was het een belangrijke klant. Je neemt je telefoon toch op. Het is zaak om het zo te organiseren dat dit je niet of nauwelijks meer overkomt. Zorg bijvoorbeeld dat je jouw omgeving aanleert jou niet lastig te vallen met onbelangrijke zaken. Geef duidelijk aan wat je wel en

niet wenst. Leer ook jezelf dingen aan of juist af. Je zal nog verbaasd staan over hoeveel tijd je kan winnen op een dag, door je te concentreren op dat wat wel belangrijk is.

Stap 3: begin met plannen en organiseren. Dit is een beweging naar kwadrant 2. Kom weg uit kwadrant 1. Het is vaak lastig om uit dit kwadrant te komen. Het zijn namelijk wel allemaal urgente zaken. Ze simpelweg niet meer doen, is niet de oplossing. De oplossing is een eerste beweging naar kwadrant 2 te maken. Je zal dan vanzelf merken dat er in de loop van de tijd minder tijd en energie verloren gaat in kwadrant 1.
Zorg dat je met name in kwadrant 2 komt te acteren. Dit betekent zeker in het begin dat je wat extra tijd nodig hebt. Daar moet je doorheen. Je gaat tijd besteden aan plannen en organiseren en ondertussen toch nog wat brandjes blussen, want die zijn niet ineens als sneeuw voor de zon opgelost. Begin met kleine stappen. Elke ochtend niet meteen de brandjes opzoeken, maar één ding pakken dat je kunt plannen en dat te maken heeft met morgen, overmorgen of zelfs volgende week. Ga meer nadenken over morgen, over volgende week. Begin bijvoorbeeld elke ochtend en het einde van de dag met kort na te denken over wat er morgen of volgende week zou kunnen gebeuren. Vraag je dan af wat er mis zou kunnen gaan. Nu kan je er nog zelf iets aan doen. Doe elke dag iets proactief. Niet omdat het meteen moet, maar omdat jij denkt dat het goed is. Dat het je verder helpt en goed is voor de organisatie. Bel proactief met je beste klant om te vragen hoe het gaat. Praat met een van je teamgenoten over zijn toekomst. Bezoek een partner en bespreek de samenwerking. Eén ding per dag kan je al in een enorme verandering brengen om van kwadrant 1 naar 2 te bewegen. Plan een gesprek met een persoon van wie je afhankelijk bent, om te bespreken hoe je in de toekomst zou willen samenwerken. Plan een middag om een proces goed door te lopen met je teamgenoten, om te bespreken hoe je het anders zou willen inrichten. Ruim eens een uur op en breng een systeem aan in je files, orders of projecten.

Stap 4: volhouden. Je zal zien dat je uit de Catch-22-situatie komt door steeds meer in kwadrant 2 te zitten. De brandjes zullen afnemen, waardoor je weer meer tijd hebt om in rust vooruit te denken. Doordat je vooruit denkt, nemen de brandjes uit kwadrant 1 nog verder af. Dit is een kwestie van doorzetten. Blijf elke dag stoppen met onbelangrijke zaken uit kwadranten 3 en 4. Blijf elke dag zoveel mogelijk tijd besteden aan wat nog komen gaat. Alles is gericht op kwadrant 2:

Figuur 17 Alles is gericht op kwadrant 2

Uiteindelijk zal het een way of life worden. Zoals je eerst dacht dat brandjes blussen een normaal iets is, zal je het nu normaal gaan vinden dat je zaken weer kan plannen en dat er eigenlijk weinig incidenten plaats zullen vinden. Vaak krijg ik de vraag of er dan helemaal geen incidenten meer optreden als je in kwadrant 2 opereert. Helaas is het antwoord: 'nee'. Er zullen altijd nog incidenten blijven bestaan. Je kan nog zo goed plannen of vooruit denken, er zal altijd nog wel iets gebeuren wat je van tevoren niet kon weten. Dit is niet erg. Je kan de 80-20-regel hierop toepassen. Als je 80% van je activiteiten weet te plannen, dan kan je 20% van de incidenten relatief makkelijk aan. Komen de verhoudingen andersom te liggen, dan wordt het chaos. Dan krijg je incident op incident. Dan worden zelfs de te plannen activiteiten incidenten. De tijd en rust ontbreken dan simpelweg om ze goed op te pakken.

Ook krijg ik de vraag of je nog hard aan het werk bent als je in kwadrant 2 opereert. De vraag begrijp ik wel, aangezien het op de buitenwereld relaxed overkomt als je in kwadrant 2 zit. Er zijn geen crisistelefoontjes, je hoeft niet te rennen en er is geen stress. Toch durf ik te beweren dat het heel hard werken is om naar kwadrant 2 te komen en erin te blijven. Het is alleen wel

hard werken op een heel andere manier. Het is niet hard werken als een kip zonder kop, wat veel negatieve energie kost. Het is wel hard werken om alles te voorzien, te organiseren, mensen mee te krijgen in wat je wil of problemen te voorkomen. Dit is hard werken met het hoofd. Minder met het lichaam. Het is hard werken, maar met positieve energie.
Aan jou de keuze. Hard werken met brandjes blussen en 's avonds letterlijk en figuurlijk uitgeblust zijn, of hard werken met plannen en organiseren en 's avonds voldaan zijn omdat alles op de rit staat.
Uiteraard ligt het deels aan je karakter waar je naartoe neigt in de praktijk, maar ik durf te beweren dat de meesten van ons veel meer kunnen plannen en organiseren dan nu het geval is. Geen negatieve energie meer die jou uitput, en voor je het weet, zullen plezier en resultaat je toelachen.

In het weekend mag ik graag een rondje hardlopen. Onlangs bedacht ik mij dat ik onbewust op een bepaalde manier loop. Ik kijk namelijk altijd ver vooruit. Ik raak dan in een soort trance, waarbij de focus op het einde ligt. Focus op de volgende halte waar ik naartoe ren. Het einde van de straat, het einde van het looppad, of zover je kan kijken in de verte. De grap is dat terwijl ik mij focus op de verte, ik de plassen, kuilen, stoepranden of andere onregelmatigheden die ik tegenkom al van ver zie aankomen. Schijnbaar zie ik zonder moeite vanuit mijn ooghoeken ook de directe omgeving. Ik heb de tijd om erop te anticiperen. Het kost me dan niet of nauwelijks moeite om op tijd de onregelmatigheden te ontwijken of mijn looppad aan te passen.
Het bijkomend voordeel is dat ik ontspannen loop met het hoofd omhoog en de borst vooruit. Ik krijg geen kramp in mijn nek van het direct voor me omlaag naar de grond kijken, waarbij ik constant zou moeten inspelen op alle onregelmatigheden die ineens voor mij opdoemen.

Het kan eenvoudig:

1 Bedenk of je vaak achter de feiten aanloopt.
2 Zo ja, besef dat jij de enige bent die dit kan veranderen.
3 Stop met de onbelangrijke zaken op een dag.
4 Bedenk elke dag wat morgen of volgende week zou kunnen gebeuren.
5 Start elke dag met één proactieve actie.
6 Bouw dit uit met meerdere proactieve acties.
7 Vooruitdenken en doen volhouden.

7

Vol vertrouwen

Zoals bij andere principes in dit boek, is dit een principe waar je veel lef voor moet hebben. Je moet namelijk frequent tegen je gevoel ingaan. Ik besef goed dat dit van persoon tot persoon kan verschillen. De ene persoon zal meer moeite hebben met het vertrouwen van anderen dan de ander. Dit is dan ook het moeilijkste aspect van het anders durven te werken. Toch is vertrouwen het sleutelwoord om het eenvoudig te houden.

VERTROUWEN IS DE SLEUTEL VOOR EENVOUD

Veel bedrijven, organisaties of instanties vallen terug op oude routines die vol zitten met controles, barrières of hiërarchie. Men durft niet te vertrouwen.

Daar tegenover staat mijn basishouding van vertrouwen richting de medemens. Ik heb een grenzeloos vertrouwen in het team, in de teamgenoten of in het individu. Ik ben er oprecht van overtuigd dat de mens in het algemeen het beste voorheeft met zijn omgeving en dat hij is te vertrouwen. Uiteraard in de juiste omstandigheden. Als iemand opgroeit op een plek waar hij moet 'overleven', zal hij ongetwijfeld in eerste instantie aan zichzelf denken. Iemand die in een achterstandswijk leeft, zonder zorgende ouders, of in een oorlogsgebied, zal misschien sneller op het dievenpad gaan of de zaak bedonderen. Over deze groep heb ik het hier niet.

Ik ga hier uit van personen die 'normaal' opgroeien, meedraaien in de maatschappij en geen extreme redenen hebben om rare dingen uit te halen.

Deze groep is waarschijnlijk groter dan wij denken, als wij die mensen maar vertrouwen en verantwoordelijkheden geven.
Vertrouwen op de werkvloer zorgt voor een aantal belangrijke zaken, te weten:

- Rust;
- Geen verlies aan controles;
- Moraal;
- Effectiviteit.

Rust

Als manager hoef je niet met achterdocht aan de slag te gaan. Je kunt je concentreren op alles wat goed gaat en je hoeft niet na te denken over wat er allemaal zou kunnen gebeuren achter je rug om. Je hoeft geen negatieve energie te spenderen aan wantrouwen. Negatieve energie of angst is een killer. Het vreet aan je. Het geeft je weinig lucht en het brengt je niet verder. Als je bij alles moet nadenken over wat je medewerkers zouden kunnen uithalen, dan ben je in mijn optiek met de verkeerde dingen bezig. Ik noem rust ook als eerste, aangezien ik sterk geloof in het feit dat alles begint met positieve energie. Wil je verder met je bedrijf en met je team, dan begint het met energie. Welke energie straal je uit als leider? Welke positieve 'vibe' breng je over naar je omgeving? Positieve energie werkt inspirerend en aanstekelijk.

POSITIEVE ENERGIE WERKT INSPIREREND

Als je als leider niet negatief wordt belast met de angst voor wat er mis zou kunnen gaan, gebeuren er twee dingen. Ten eerste blijf je zelf beter in vorm. Positieve energie geeft je vleugels. Ten tweede wordt je omgeving er beter van. Zie het punt van moraal, verderop in dit hoofdstuk beschreven. Denk maar na: wanneer slaap je beter? Met de gedachte dat het goed gaat of met de gedachte dat iemand je weleens zou kunnen bedonderen?

Geen verlies aan controles

Je staat elke dag voor een keuze. Richt je het bedrijf of de omgeving in naar de mensen die je vertrouwt of naar de mensen die je wantrouwt? Dit lijkt iets kleins, maar in de praktijk is dit vaak een fundamenteel iets. Maak je grote protectiesystemen op basis van wantrouwen voor die ene medewerker die kwaad in de zin heeft, of gooi je alles open op basis van het vertrouwen in de medewerkers?
Ga je uit van wantrouwen, dan moet je een fort bouwen bij alles wat je doet. Helaas gaat het zo bij de meeste bedrijven.

Figuur 18 Bewakingspoortjes

Kijk maar eens hoe de meeste bedrijven om je heen zijn ingericht, om zich te beschermen tegen die ene persoon die kwaad wil, variërend van kleine, semi-onschuldige zaken tot grote fraudegevallen. Onschuldige zaken als een pak papier meenemen voor privégebruik, het internet gebruiken voor een vakantieboeking tijdens werktijd of het meenemen van pennen voor thuisgebruik. Tot en met grote fraudes als auto's via de zaak laten bestellen, geld doorsluizen naar privérekeningen of het meenemen van hele computersystemen. Om dit alles te voorkomen, wordt er een fort gebouwd. Dat begint vaak op papier met een autorisatieschema. Hierin wordt door de leiding opgenomen wat een medewerker tot een bepaald niveau wel of niet mag beslissen, goedkeuren of bestellen. Dan volgt er een beleid voor wie tot welke informatie toegang heeft. ERP-systemen met bepaalde niveaus worden geïmplementeerd. Ook zijn er fysieke protectiesystemen. Deuren die op slot gaan, toegangspoorten, met al dan niet in- en uitgangscontroles, materiaal dat achter slot en grendel ligt, alarmcodes, enz.

Bedrijven besteden aardig wat tijd, geld en energie om het wantrouwen tegen te gaan, in de hoop de eventueel kwaadwillende medewerker te stoppen of te controleren. Wantrouwen kost geld, veel geld. Een heel bedrijf en zijn processen worden ingericht op de uitzondering. Ervan uitgaande dat de meerderheid van de mensen gewoon goedwillend is, wordt dit deel de dupe van het wantrouwen in die ene persoon die misschien zou willen ...

Wat mij voornamelijk opvalt, is dat ondanks die protectiesystemen er toch nog frequent iets gebeurt. Je hoeft de krant maar open te slaan of het internet te volgen en de voorbeelden vliegen je om de oren. Banken waar een medewerker ondanks de checks en balances toch voor miljoenen weet te frauderen. De bouwbedrijven die toch met steekpenningen opdrachten verwerven, of de organisaties waarbij een medewerker er met de kas vandoor is gegaan.

Misschien kan je het naïef noemen, maar ik ben ervan overtuigd dat hoe hoog je de hekken ook maakt, een echt kwaadwillend iemand er toch wel overheen komt. Waarom dan die hekken? Sterker nog, ik kan het niet wetenschappelijk onderbouwen, maar ik ben ervan overtuigd dat juist door het optuigen van hekken medewerkers worden uitgelokt verkeerde dingen te gaan doen. Ik trek de parallel tussen medewerkers en kinderen. Als je een kind verbiedt een snoepje uit de pot te pakken, is de kans groot dat als de ouders even niet kijken, het kind de snoeppot induikt. De snoeppot is iets spannends geworden. Iets waar het kind naartoe wordt getrokken. Maar op het moment dat je de snoeppot vrijgeeft, is het spannende eraf en zal de neiging om erin te duiken wegvallen. Zeker als je daarbij ook nog de verantwoordelijkheid deelt en geeft. Ik kan het niet bewijzen. Ik ben er wel van overtuigd.

WAT MAAKT HET DAT JE IEMAND WEL OF NIET VERTROUWT?

Moraal

Zoals hierboven beschreven, geeft vertrouwen rust aan jou als leidinggevende en gaat er geen energie en geld verloren aan controles. Er is nog een derde voordeel aan het geven van vertrouwen. Medewerkers die in een omgeving van vertrouwen werken, hebben een betere moraal. Ze voelen zich serieus genomen en gerespecteerd. Dit zou op zichzelf al een reden kunnen zijn om je werkgever niet of minder te bedonderen.

Een medewerker die niet elke keer verantwoording moet afleggen, die zelf iets mag beslissen, die zelf zaken mag inkopen of bij informatie en middelen kan, is meer betrokken bij zijn werk. Dit geeft meer arbeidsvreugde en zorgt voor een positieve werkomgeving. De medewerker voelt zich meer betrokken. Alsof het bedrijf ook een stuk van hemzelf is.

In mijn bedrijf hebben de meeste teamgenoten een sleutel van het gebouw en kan iedereen erin wanneer hij wil. Dit lijkt iets kleins, maar een sleutel is voor mij meer dan alleen een middel om binnen te komen. Het geven van de sleutel staat voor mij ook symbool voor het vertrouwen dat ik heb in de medewerker. Het staat symbool voor het gegeven dat het bedrijf ook deels van de medewerker is. Het is ook zijn omgeving. Hij is er medeverantwoordelijk voor.

Het symbolisch delen van de sleutel heb ik doorgevoerd door het hele bedrijf. Iedereen heeft toegang tot de informatie. Niets is afgeschermd met passwords. Er is geen afscherming met autorisatieschema's. Iedereen kan en mag alles bestellen wat nodig is voor de klant. Dit zorgt voor een werksfeer waarbij iedereen betrokken is. Iedereen voelt zich verantwoordelijk en voelt zich gezien. Er is een vertrouwde sfeer om in te werken en dit zorgt voor een betere moraal.

Effectiviteit

Als vierde zorgt het vertrouwen in de medewerker voor een hogere effectiviteit. Door niet te hoeven denken in termen van wat mis kan gaan, zijn er geen barrières in het bedrijf. Geen barrières op papier of fysiek, zoals hekken of toegangscontroles. Dit zorgt ervoor dat de medewerker 100% met de klant of het proces bezig kan zijn en zich niet bezig hoeft te houden met controles, verantwoording afleggen of ertegenaan loopt dat hij iets helemaal niet mag en afhankelijk is van derden.

Een mooi voorbeeld van effectiviteit, waar ook alle voorgaande elementen in terugkomen, is wat ik op een reis in Noorwegen bij een hotel zag. Het in- en uitchecken van de hotelgast geschiedde volledig op vertrouwen, op basis van selfservice. Je zorgde zelf voor de afrekening.

Er kwam geen controlerende hotelmanager aan te pas. Hoe effectief is dit wel niet.

Figuur 19 Selfservice bij het in- en uitchecken in een hotel

Als de medewerker vertrouwen krijgt, hoeft hij zich niet meer met controles van bovenaf bezig te houden. De manager wordt niet meer in beslag genomen door alle checks die hij moet uitvoeren. Een waanzinnige winwinsituatie.

Vertrouwen levert rust, minder tijdverlies door controles, een betere moraal en hogere effectiviteit op.

Wordt het chaos, als je de controles en alle veiligheidssystemen van bovenaf loslaat? Nee, is mijn overtuiging. De oplossing zit hem in het delen van een duidelijke droom met de medewerkers, zodat ze weten waarvoor ze alles doen. In combinatie met het geven van verantwoordelijkheid en vertrouwen, zodat ze meer betrokken raken. Hiervoor krijg je namelijk een krachtig mechanisme terug: sociale controle. Dit is krachtiger dan welk hek dan ook.

SOCIALE CONTROLE IS KRACHTIGER DAN MENIG HEK

Sociale controle

In een omgeving waarin medewerkers met vertrouwen worden behandeld en waarin men uitgaat van het goede, zullen medewerkers zich gerespecteerd voelen. Vanuit die houding ontstaat er een groepscultuur die zorgt voor sociale controle. Men gaat elkaar helpen en ondersteunen. In deze setting weet men meer van elkaar, men weet wat er speelt. Dit zorgt ervoor dat er minder of geen excessen plaatsvinden.
Andersom geredeneerd: in een setting waarbij het bedrijf hiërarchisch is opgebouwd, er autorisatieschema's aanwezig zijn, processen afgeschermd zijn en er fysieke controlesystemen zijn of zelfs hekken, zal er sprake zijn van een verminderd teamgevoel bij de medewerkers. De medewerker zal al snel denken: het is niet aan mij om dat in de gaten te houden of om mij mee te bemoeien, want daar hebben we wel een baas voor. Met regels, systemen of hekken wordt het vooral: ieder voor zich.
Op het moment dat de medewerkers het vertrouwen krijgen, zullen ze meer verantwoordelijkheid naar zich toetrekken. Dit zorgt er dan niet alleen voor dat ze elkaar in positieve zin in de gaten houden, maar ook dat ze zichzelf meer zullen controleren. Als iemand weet dat hij nog gecontroleerd wordt van bovenaf, is hij gemiddeld slechts voor 80-90% effectief. Hij maakt onbewust (soms bewust) meer fouten, omdat hij weet dat zijn werk toch nog gecheckt wordt. Op het moment dat die controles van derden wegvallen, zal hij zelf beter gaan opletten. Zo zal de medewerker sneller uit zichzelf aan zijn teamgenoten vragen of ze mee kunnen kijken bij een moeilijke beslissing of een grote bestelling. De verantwoordelijkheid ligt dan nog steeds wel bij de medewerker. Dit zorgt ervoor dat er minder dingen mis gaan.

Ik begon dit hoofdstuk met zeggen dat vertrouwen geven een zaak van lef is. Ik besef heel goed dat het moeilijk is. De meesten zullen erkennen dat de bovengenoemde voordelen van vertrouwen evident zijn, maar zullen toch moeite hebben met het volledig loslaten, met het vertrouwen van de medewerkers. Want het zou toch weleens mis kunnen gaan, en dan? Een bekende metafoor is het verhaal van de koffieverkoper.

Op dag 1 stond een koffieverkoper met zijn koffiekraam op de markt koffie te verkopen. Tot dusver nog niets bijzonders. Zijn koffie was geliefd en al snel stond er een rij om bij de beste man koffie te krijgen. Aan het eind van de dag was de koffieverkoper moe maar voldaan. Hij had veel koffie verkocht, maar besefte dat hij maar grofweg de helft van de tijd bezig was geweest met koffie maken en serveren. De andere helft was hij bezig geweest met het afrekenen van de koffie met de klant. Hij dacht: dit moet anders.
De volgende dag stond hij op hetzelfde plein met zijn koffiekraam. Hij deed echter één ding anders. Hij had op de kraam een mandje gezet met de tekst: 'Beste klant, betaal graag zelf wat u over hebt voor deze heerlijke koffie.' De dag ging voorbij en vele klanten kochten zijn koffie. Wederom voldaan eindigde de werkdag van de koffieverkoper. Hij had zich, anders dan gisteren, volledig kunnen concentreren op zijn vak: lekkere koffie maken en serveren. Hij had zich niet meer bezig hoeven houden met het afrekenen.
Wat bleek? Je raadt het vast al. Hij had meer koffie verkocht, want hij had immers meer tijd kunnen besteden aan koffie maken. Dit zorgde voor snellere levertijden en daarmee een kortere wachttijd voor de klanten. Daardoor kwamen er effectief meer klanten, want minder mensen haakten af vanwege de rij. Het mooie van dit alles, nu komt het: hij had gemiddeld een hoger bedrag per kop koffie ontvangen dan toen hij het nog zelf afrekende.

Dit voorbeeld omvat alles wat ik hiervoor heb beschreven. De man kon met meer plezier zijn vak uitoefenen. De effectiviteit was groter, want hij hoefde zich niet meer met controles bezig te houden. De opbrengst was groter, zowel relatief als absoluut. En dit ondanks dat er ongetwijfeld een klant tussen heeft gezeten die niets betaalde of deed alsof hij geld in het mandje gooide.
Hopelijk durf je het vertrouwen geven aan, net als de koffieman. Je zal merken dat het veel energie geeft aan jezelf en aan jouw team. Dat er uiteindelijk zelfs minder dingen misgaan dan je vooraf had gedacht. Als het dan een keer misgaat en een medewerker doet toch iets wat schade berokkent aan jouw bedrijf, bedenk dan dat het zonder jouw vertrouwen toch ook wel

was gebeurd en misschien nog wel erger ook. Ook al had je de hoogste hekken gebouwd.
Een beetje, of half vertrouwen bestaat niet. Durf vol te vertrouwen.

HALF VERTROUWEN BESTAAT NIET

Het kan eenvoudig:

1. Spreek uit dat je de mensen vertrouwt.
2. Geef bij alles je volle vertrouwen.
3. Maak dit concreet door acties, zoals bijvoorbeeld het delen van informatie.
4. Haal zoveel mogelijk fysieke en niet-fysieke controles uit de organisatie.
5. Laat medewerkers weer zichzelf en elkaar controleren.

8

Gratis aandacht

Bij veel bedrijven zie ik twee cruciale missers op het gebied van marketing. Misser 1: marketing op het verkeerde moment. Misser 2: onnodig geld over de balk gooien.

Misser 1. Het bedrijf loopt lekker, klanten zijn over het algemeen tevreden en de producten of diensten worden goed afgenomen. Het bedrijf maakt een goed resultaat. Er wordt lekker geld verdiend. En wat gebeurt er op marketingvlak? Een heleboel. Iedereen is positief. We staan op beurzen om iedereen te vertellen dat we bestaan. We zoeken de media op, we nodigen klanten uit voor relatiedagen en adverteren bij de sportclub. Er is immers geld, het gaat goed, dus waarom zouden we de wereld daar geen deelgenoot van maken. Hopelijk levert het weer nieuwe klanten op. Op zichzelf is dit geen rare gang van zaken.
Nu komt het. Het gaat even minder. De business zit even niet mee. De economie stagneert, een grote opdracht gaat niet door, de vraag is even minder. Wat is het eerste dat gebeurt? Er gaat een dikke streep door het marketingbudget. We slaan de beurs een jaartje over. De voetbalclub kan ook wel even zonder het sponsorgeld en de media-advertenties gaan even in de ijskast. Het was toch altijd al de vraag wat het allemaal opleverde. Het is een snelle besparing. We nemen een tijdje genoegen met de folders die we al hadden en de internetsite die er toch wel enigszins goed uitzag. 'Cash is king'.
Mij is ooit geleerd: 'cash is king', maar 'future cash is more king'. Ik weet één ding zeker: als je nu niet investeert, is de kans groot dat je ook niet zal ontvangen in de toekomst. De meeste marketing dient juist plaats te vinden in tijden van achteruitgang. In tijden van economische krimp. In tijden van vooruitgang kun of moet je uiteraard doorpakken met marketing om verder te groeien. Alleen, de investeringen kunnen dan relatief laag worden gehouden. Het gaat goed en je grijpt deze ideale uitgangssituatie natuurlijk aan om nog meer (potentiële) klanten te overtuigen van jouw product

of dienst. Maar dat kan op een eenvoudige manier. In goede tijden is het overtuigen van de doelgroep immers minder hard nodig. Mond-tot-mond-reclame zal veel bijdragen en de drempel om in goede economische tijden te kiezen voor jouw product of dienst is waarschijnlijk toch al relatief laag. Klanten zullen sneller een keer wat proberen.
Nee, juist in tijden van stilstand, krimp of tegenslag zal je de marketing moeten opschroeven. Tijdens een economische crisis zullen (potentiële) klanten sneller aarzelen om tot een afname over te gaan. Op zo'n moment moet jij boven jouw concurrenten uitstijgen door meer exposure te hebben. Je moet makkelijker op het netvlies komen van die potentiële klant. De hele markt moet weten dat je nog bestaat. Een extra klantendag, een diner met je beste klant of simpelweg een aantal extra bedrijfsbezoeken. Alles in het teken van het koesteren van bestaande en potentiële klanten in roerige tijden.
Ik besef dat je sterk in je schoenen moet staan om juist in tijden van krimp minder geld te verdienen, of in tijden van een slechte economie extra geld uit te geven aan marketing. Geld uitgeven aan marketing, waarvan het resultaat niet tastbaar is. Niemand kan berekenen wat het oplevert. Je weet alleen één ding zeker: als je niets doet, zal er ook weinig gebeuren. Vaak weet iedereen dit wel, maar gek genoeg gebeurt het niet. Men heeft angst om tegen de stroom in te gaan. Het zijn juist de succesvolle managers die dit doorhebben, hun angst opzijschuiven en daarmee tegen het vaste patroon in opereren.

Misser 2. Weggeven van de moeizaam verdiende of bij elkaar geraapte euro's is simpelweg zonde. Geld voor marketing wordt te simpel uitgegeven. Wat is makkelijker dan een reclamebureau inhuren voor een goede campagne, een organisatiebureau inschakelen voor een event met klanten of een duur billboard langs de snelweg huren voor jouw advertentie. Je kunt in een handomdraai een marketingactie optuigen en veel geld uitgeven, maar de vraag is of je het beste krijgt.
Mijn stelling is, dat je met minder of zelfs minimale investeringen juist meer kan bereiken. Daarvoor is echter een manager met drie dingen nodig: 1. creativiteit, 2. tijd en 3. lef.

Om met punt 1 te beginnen: wees creatief. Doe het anders dan de rest. Niet het kerstgeschenk net voor de kerstdagen, zoals alle concurrenten, maar een geschenk op bijvoorbeeld 12 april. In plaats van een gelikte stand op een beurs, opgebouwd door derden, in rij met al je concurrenten, organiseer je een spontane actie midden op de beurs. In plaats van een duur billboard langs de snelweg, kleed je koeien aan met een reclameboodschap.

WAT WAS JOUW LAATSTE OPVALLENDE CREATIEVE MARKETINGACTIE?

Anders acteren dan de rest kan vaak goedkoop, want het valt dan toch al extra op dat je anders bent of doet. Als je juist hetzelfde doet als anderen, is dat algauw duur. Dat van jou moet immers net groter, mooier of uitgebreider zijn om op te vallen. Jouw advertentie kan niet meer in zwart-wit, maar moet in kleur. Niet meer een halve pagina, maar een hele pagina full colour. Niet meer midden in het tijdschrift, maar op de cover. Tv-reclame is effectiever op primetime. Toch maar die dure tv-minuten, om je te onderscheiden van de rest.
Het kan goedkoper met creativiteit. Creativiteit wordt snel overschat. Mensen denken snel dat ze niet creatief zijn, aangezien ze niet schilderen, een muziekinstrument bespelen of aparte hobby's hebben. Mijn stelling is dat iedereen een bepaalde mate van creativiteit heeft. Kinderen hebben nog de openheid en onbevangenheid die nodig is voor creativiteit. Volwassenen worden vaak geremd door alles wat ze volgens vaste patronen, regels moeten doen op een dag.

Als je weer die onbevangenheid kunt terughalen, ben je in staat om out of the box te denken en met vernieuwende, verfrissende ideeën te komen. Als we dat creativiteit noemen, dan komen we allemaal een heel eind. Met deze creativiteit kun je je onderscheiden en vaak op een ludieke wijze je boodschap overbrengen.

Punt 2: tijd, of beter gezegd, gebrek aan tijd is iets wat ook vaak als excuus wordt gebruikt om dure euro's uit te geven aan derden of volle marketingafdelingen. Mijn geloof is dat een manager in combinatie met punt 1 – creativiteit – tijd moet vrijmaken om zelf voor een stuk met de marketing bezig te zijn. Een manager moet zelf en uiteraard met zijn teamgenoten tijd besteden aan het promoten van zijn product of dienst. Dit zou bijna een hoofdtaak van een manager kunnen zijn. Dit lijkt mij namelijk een van de belangrijkere onderdelen van ondernemen. Zelf op de bok staan voor jouw product of dienst. Door zelf tijd te besteden aan het doorvoeren of uitvoeren van marketing wordt het een meer authentiek verhaal. De manager en zijn team zijn zelf betrokken. Het is hun eigen idee, hun eigen verhaal of hun eigen uitvoering. Het is intenser en zal zo door de klanten worden beleefd.

Tot slot punt 3. Lef is nodig om je te onderscheiden. Als je de creativiteit hebt aangeboord en tijd hebt vrijgemaakt, is er een dosis lef nodig om anders te gaan doen dan je concurrent, je voorgangers of de rest van de markt. De omgeving zal namelijk snel alles wat anders is afschieten. Wat de boer niet kent ...
Tegen de stroom in gaan is lastig. Het is ook spannend, want je weet niet wat de uitkomst zal zijn op het moment dat je het anders gaat doen. Een praktisch voorbeeld:

Een paar jaar geleden kozen wij voor het meedoen aan de gevelbeurs, een specialistische vakbeurs in Ahoy. Zelf hebben wij tijd vrijgemaakt om tijdens een aantal brainstormsessies een thema te bedenken voor onze presentatie. Helemaal enthousiast hebben we samen met de teamgenoten een stand bedacht en deze hebben we in de dagen van opbouw zelf opgebouwd in de evenementenhal. Het was soms letterlijk plak- en knipwerk en veel dingen verliepen op een amateuristisch niveau. Dit kostte tijd van veel teamgenoten van productie en kantoor binnen ons bedrijf. Maar: zo werd het toch maar mooi onze stand en het teamgevoel werd uitermate versterkt tijdens onze noeste arbeid. Deze trots kregen wij er gratis en voor niets bij.
Intussen waren wij er getuige van dat bedrijven met gelouterde namen de meest luxueuze stands aan het opbouwen waren. Specifieker: ze lieten deze opbouwen door derden. Vaak partijen ingehuurd door het pr- of reclamebureau, dat op zijn beurt was ingehuurd door het bedrijf waar het om ging. De ene stand was nog mooier en duurder dan de andere. De grap was dat door de pracht en praal er uiteindelijk toch weer een soort eenheidsworst ontstond en de ene stand niet meer van de andere was te onderscheiden.
Op de beursdag zelf kwamen de managers en/of verkopers van deze bedrijven ingevlogen van kantoor om de stand te bemannen. Wat opviel was dat ze keurig hun ding deden, maar je proefde geen echte beleving. Dit is moeilijk te kwantificeren. Maar: een stand onbemand achterlaten om te gaan lunchen, want het was nou eenmaal lunchtijd. Of de stand een halfuur voor officiële sluiting van de dag verlaten, aangezien het merendeel van het publiek al vertrokken is. Dit zijn toch geen voorbeelden van echte beleving? Daarentegen waren wij, die hard hadden gewerkt en veel

creativiteit en tijd in onze stand hadden gestoken, tot op het bot gemotiveerd om de bezoekers te ontvangen en tot het einde toe ons verhaal over te brengen. Ondanks ons relatief goedkope knip- en plakwerk was het onze stand waar wij met veel beleving ons verhaal konden overbrengen. Door onze andere, veel goedkopere aanpak vielen wij op.
Het zat hem in simpele dingen. Zo gebruikten de meeste stands alledaagse, veelvoorkomende kleuren. Onze stand was van top tot teen opvallend oranje gekleurd. Van vloerbedekking tot plafond en alles ertussen. Ook hadden wij een Jägermeister-tap, terwijl de anderen koffie en bier serveerden.
Dit is trouwens een geweldig verhaal. Het was wintertijd en koud. Zo ontstond last minute het idee van de Jägermeister. Snel een tap gehuurd. Met drie flessen dachten wij de drie beursdagen door te komen. Het was wel spannend of de tap zou aanslaan. De Jägermeister was als grap ontstaan en we wisten niet wat we moesten verwachten. De beurs begon om 10:00 uur en we waren de tap alweer vergeten, totdat ik tegen 11:00 uur de tap voor het eerst hoorde zoemen. Het eerste glaasje werd getapt. Het hek was van de dam. Tegen het eind van de middag waren de drie flessen erdoorheen en hebben we in allerijl een dozijn extra flessen laten aanrukken. Het was een megasucces. Het ging van mond tot mond rond over de beursvloer dat je bij onze stand moest zijn. De stand met de Jägermeister. Hoe simpel (en relatief goedkoop) kan het zijn om onderscheidend te zijn? Creativiteit, lef en een portie van gewoon doen, dat is wat nodig was. Het mooiste is, dat je bij de bezoekers blijft hangen. Je blijft in hun gedachten. Nog jaren later herinnerden klanten zich de Jägermeister en ons bedrijf. Wij hebben de bezoekers met veel passie ontvangen. Dat valt op en blijft hangen. Terwijl wij op het einde nog veel bezoekers in onze stand hadden, waren de andere standhouders alweer op weg naar huis, terwijl hun stand wederom door derden voor veel geld werd afgebroken.

Als ik dit links en rechts in mijn omgeving bespreek, krijg ik nog weleens het argument te horen dat dit allemaal leuk en aardig is, maar dat het alleen op kan gaan bij kleinere bedrijven. Kleine bedrijven waar de manager nog iedereen kent, waar de producten alleen lokaal worden afgezet of de klanten makkelijker zijn te benoemen. Het zou kunnen dat het bij multinationals lastiger is, gelet op de schaalgrootte. Alleen, waarom zou een groot bedrijf ook niet creatiever met zijn resources om kunnen gaan? Waarom kan zo'n bedrijf niet tijd vrijmaken voor zijn managers om met leuke initiatieven te komen om de producten of diensten op een andere manier over de bühne

te brengen? Ook op internationaal niveau kun je dingen bedenken om je boodschap te verkondigen, zonder meteen miljoenen uit te geven aan tv-spots of advertenties. Zo zijn er voorbeelden van producten die goed verkochten omdat ze aan beroemdheden waren gegeven, die met het dragen of gebruiken ervan gratis reclame maakten voor het product. Of neem Richard Branson, die met een tank op Times Square zijn Virgin Cola aanprees. Meer (goedkope) pr kon hij zich niet wensen.
Tot slot nog voorbeelden van lef en creativiteit:

De Pink Painter

Durf jij van top tot teen in het roze door het werkend bestaan te gaan? Een ding is zeker: deze schilder krijgt gratis zijn aandacht en bekendheid.

Figuur 20 De Pink Painter

Persbericht van Sogeti d.d. 15 juni 2011

Figuur 21 Deurmatten van Sogeti

'Medewerkers van Sogeti leggen de 800 deurmatten neer in grote steden, bij hogescholen en universiteiten en op andere plekken waar jonge professionals actief zijn. We verwachten dat het aantreffen van de deurmatten en de reacties hierop actief gedeeld worden met vrienden via Facebook, Twitter, YouTube of andere social media.'

Het kan eenvoudig:

1. Bepaal waar nu het marketingbudget aan wordt besteed.
2. Bedenk met je team met welke middelen het creatiever kan.
3. Bedenk acties waar je met jouw team bij betrokken kan zijn.
4. Durf het voortouw te nemen om de acties uit te voeren.

9

Partytime

Vier je succes.
Managers zijn geneigd doelen ver weg te stellen. Het dagelijkse succes(je) wordt dan vaak uit het oog verloren.
Van succes komt succes. De kans is groter dat als je het succes van vandaag viert en inzet voor morgen, je weer een volgend succes kunt boeken. Succes hebben en vieren straalt vertrouwen uit naar je omgeving, zowel intern als extern.

SUCCES IS AANSTEKELIJK

Medewerkers willen graag werken in een succesvolle omgeving. Het trekt nieuwe toppers aan. Nieuws verspreidt zich en op het gegeven dat er ergens mooie dingen gebeuren, komen mensen af. Uiteraard zijn klanten vaak op zoek naar goede producten en diensten, maar meer nog naar het kopen van producten of het inhuren van diensten die geen problemen veroorzaken. Zaken waar de klanten weer rustig van kunnen gaan slapen. Klanten willen zich geen zorgen maken over de implementatie, het gebruik van het product of bijvoorbeeld het samenwerken met adviseurs. Als je als klant kunt kiezen tussen partij a, waar alles normaal (lees: 'gewoontjes') verloopt of partij b, die succesvol is, dan is de keuze vaak snel gemaakt.
Vaak tref ik een verkeerde of valse bescheidenheid aan. Zeker in technische en productieomgevingen of bij traditionele bedrijven met een lange historie. Al zie ik bij jonge, moderne bedrijven dikwijls hetzelfde.

TROTS IS EEN BELEVING

De trots ontbreekt. De uitstraling van succes is dan niet te zien of te voelen. Geen beelden van mooie projecten. Geen indrukken van succesverhalen. Geen woord over dromen of prestaties die zijn geleverd. De beleving ontbreekt. Vaak denkt een bedrijf dat de buitenwereld het wel weet of heeft het idee dat uitingen van trots te pretentieus overkomen.

Ik zal nooit roepen dat je arrogant moet zijn. Geen termen als 'de beste zijn'. Laat de klant dat beoordelen. Geen valse beloftes afgeven. Je mag wel trots zijn op het simpele feit dat je bestaat. Trots zijn op het feit dat je mooie producten of diensten levert, is nooit verkeerd.
Het gaat vaak niet alleen om de inhoud, maar zeker ook om de beleving. De emoties erbij. Ik hoor mensen al denken: doe normaal, dan doe je al gek genoeg. Maar doe eens gek. Stap eens uit de inhoud. Stap eens uit alles wat nog niet zo goed gaat. Stap eens uit de valse bescheidenheid. Durf eens trots te zijn.
Ganzen gakken. Dit geluid maken ze als ze in formatie overvliegen. Gakken, zo heeft men onderzocht, doen ganzen om elkaar complimenten te geven. Complimenten om elkaar aan te moedigen, te stimuleren om nog verder, harder, beter te vliegen.

Figuur 22 Ganzen in formatie

Wat motiveert nou meer? Gakken, niets zeggen of alleen het verkeerde benoemen? In dit laatste zijn veel mensen goed en ervaren. Het benoemen van wat er allemaal mis is of gaat. Het liefst bij een ander.
Toch gek, want vaak weten we jonge kinderen nog te stimuleren met gakken. We overladen kleine kinderen met complimenten. 'Goed gedaan' of 'Wat knap dat je al kan lopen.' We vieren de eerste bewegingen op de fiets of de eerste trap tegen een bal. Naarmate het kind ouder wordt, komt de focus steeds meer te liggen op wat niet goed gaat. Het laagste rapportcijfer wordt vaak benoemd en niet dat geweldige cijfer dat er ook tussen staat. Bijlessen voor het zwakste vak. Al het negatieve gedrag van de puber corrigeren, enz.

Managers weten in een werkomgeving ook goed te benoemen wat er mis ging of, positiever gesteld, wat er beter kon. De dingen die goed lopen, als ware vanzelf gaan, worden zelden of nooit benoemd.
Herinner jij jouw laatste functionerings- of beoordelingsgesprek als manager of als medewerker nog? Ging dat toevallig als volgt? De eerste twee minuten werd gezegd wat allemaal goed ging, maar al snel kwam de rest van het gesprek neer op punten die beter zouden moeten of kunnen. Herkenbaar? Hierdoor heb ik zelf weinig vertrouwen in een jaarlijks functionerings- of beoordelingsgesprek. De focus ligt helemaal op wat beter moet of zou kunnen. De medewerker gaat vaak gestrest en ongemotiveerd aan de slag met dingen waar hij niet de beste in is, met alle gevolgen van dien. De medewerkers kunnen bovendien niet in alles even goed zijn. Laat medewerkers excelleren in zaken waar ze goed in zijn en regel dat de andere zaken anders worden opgelost. Zet medewerkers in hun kracht en in een gunstig geval neemt hij dan zelf de zaken die beter kunnen op om te verbeteren. Een goede coach heeft niet een jaarlijks gesprek met zijn teamgenoot nodig om in contact te blijven, om te weten wat er speelt. Een goede coach spreekt gedurende het jaar tussen de bedrijven door met zijn teamgenoten. Nog mooier, op het moment dat er een team ontstaat met veel eigen verantwoordelijkheid, teamgevoel en vertrouwen, zal je zien dat teamgenoten elkaar steunen, aanspreken en corrigeren. Dat jaarlijks wijzende vingertje van de manager is dan overbodig.

Benoem wat beter zou kunnen, maar leg juist de nadruk op de positieve dingen. Grote kans dat de medewerker de volgende dag tien keer gemotiveerder aan de slag gaat. En met een beetje geluk pakt hij zijn verbeterpunten in die positieve flow zelf op.

FOCUS OP STERKE EIGENSCHAPPEN

Zo herinner ik mij een geweldig verhaal van de succesvolle hockeycoach Marc Lammers. Een van 'zijn' spitsen was niet goed met de backhand. Met haar forehand was ze een topper, alleen scoren met de backhand was er niet bij. Marc was als coach in het begin gefocust op wat er niet goed ging bij zijn spits en sprak haar aan op de slechte performance met haar backhand. Dit moest en zou verbeteren om een meer allroundspits te worden. Er moest hard aan haar backhand worden gewerkt. Het gevolg: ze was zo (negatief) gefocust op haar backhand, dat haar forehand achteruitging. Het rapportcijfer ging van een 10 naar een 6. Alle aandacht ging name-

lijk naar iets waar ze niet goed in was. Haar backhand daarentegen werd een klein beetje beter door alle oefeningen. Een 5 werd een 6je. Ze raakte gefrustreerd en ongemotiveerd. Hockey was niet meer leuk voor haar, met alle negatieve gevolgen van dien.
Marc zag en herstelde zijn fout. Hij begon haar weer te coachen op haar succes, haar kwaliteit, de forehand. Al snel kwam het plezier en daarmee het resultaat terug.
Er gebeurde nog iets moois waar Marc niet op had gerekend. Vanuit haar vertrouwen en kracht begon de spits uit eigen beweging buiten de training om haar backhand wat te oefenen. Zonder druk of dwingende ogen. De forehand bleef haar sterke wapen en werd weer een 10. En al snel werd de backhand een 8. Wonder boven wonder scoorde ze het winnende doelpunt in de finale van de Olympische spelen met haar ...

Zoals Marc Lammers zou zeggen: 'Ga niet op zoek naar die onvoldoendes in je bedrijf. Ga op zoek naar de kwaliteiten en stimuleer die, om daarin nog beter te worden.'

GANZEN GAKKEN. WELK FEESTJE DURF JIJ VANDAAG TE VIEREN?

Het is niet ingewikkeld en de grote grap is dat een compliment niets kost. Het mogen ook kleine positieve dingen zijn. Het hoeft niet meteen een mega-order te betreffen, een enorme besparing of het voorkomen van een grote ramp. Pak die kleine dingen als voorbeeld. Een teamgenoot die de order goed heeft afgeleverd, een collega die netjes de klant te woord staat of een teamgenoot die spontaan te hulp schiet. Teamgenoten voelen zich gesterkt en zullen zich met grotere kans van slagen gaan wagen aan zaken die beter kunnen.

Dit is een voorbeeld van een WhatsApp betreffende een project.

Figuur 23 Successen met elkaar delen

Een simpel voorbeeld van successen met elkaar delen en het vervolgens complimenteren van elkaar. Het gakken in praktijk.

Begin als manager met het laaghangend fruit. Dit is overal wel te vinden.

Het kan eenvoudig:

1. Focus op de dingen die wel goed gaan.
2. Durf het mindere punt te negeren.
3. Geef een spontaan en oprecht compliment.
4. Vier een succes met taart en al.

10

Voorbeeld(ig) gedrag

Managers zijn aan de ene kant gewoon een van de teamgenoten en aan de andere kant juist die persoon waar iedereen naar (op)kijkt. Kortom, ze bekleden een voorbeeldrol.

Managers denken nog weleens dat ze een status aparte hebben en daarmee alles kunnen maken en doen. Ja, ze zijn anders. Ze werken vaak ook nog buiten de reguliere werktijden. Hebben vaak meer aan hun hoofd wat betreft denkwerk en zijn betrokken bij lastige beslissingen. Dit stopt niet na het einde van de werktijd. Ze hebben 24/7 verantwoordelijkheid. Dit klopt allemaal. Ze vergeten alleen vaak dat hun teamgenoten hen alleen waarnemen als ze er zijn. Als ze er zijn, vaak niet hele dagen, wekenlang, behoren zij diegene te zijn die het voorbeeld geven.

Dus niet:

- Roepen dat we ons best moeten doen en zelf de golfbaan opgaan.
- Zeggen dat we opgeruimd moeten werken en er zelf een chaos op nahouden.
- Praten over betrouwbaarheid en zelf dikwijls te laat komen.
- Mensen vragen om over te werken op zaterdag en op die dag zelf nooit je gezicht laten zien, laat staan meedoen.
- Mensen vragen moeilijke beslissingen te nemen of vervelende klussen te doen, maar zelf de makkelijke taken pakken.
- Teamgenoten elke dag een parkeerplek laten zoeken en zelf een directieplek voor de ingang opeisen.

Dit lijken weinig reële voorbeelden, maar toch kom ik ze dagelijks tegen in mijn rondgang langs bedrijven.

***Figuur 24** Niet doen: aparte parkeerplaatsen voor de directie*

WAT ZIJN JOUW PRIVILEGES?

Het lijkt soms wel of managers na hun promotie tot nieuwe leider ineens menen anders te moeten zijn. Alsof ze de werkvloer niet meer op mogen. Alsof ze geen tijd mogen besteden op de vloer. Alsof ze 's ochtends later op het werk mogen verschijnen, aangezien ze de avond ervoor tot laat hebben doorgewerkt.

Vanochtend viel mijn mond weer open van verbazing bij het lezen van een artikel over een bekende uitgeverij. Het bedrijf is zwaar verlieslatend, kent een grootschalige reorganisatie (lees: 20% van de medewerkers wordt ontslagen) en er heerst onvrede binnen de managementlagen. En nu komt het. De CEO en CFO hebben zich ieder zo'n 200.000 euro bovenop hun vaste beloning uit laten keren. Met als argument dat zij hun doelen voor het jaar hadden bereikt. Veel gekker moet het niet worden. Denk jij dat een ondernemer die verlieslatend is, die moet reorganiseren, zichzelf een extra bonus uit kan keren? Wat denk jij dat dit doet met de motivatie, de teamspirit of het groter belang van het bedrijf?
Wat mij al helemaal verbaast, is de naïviteit waarmee leiders van een beursgenoteerd, landelijke bekend bedrijf, waarvan alles in de openbaarheid komt, dit doen.

Soms kan het ook in kleine dingen zitten. Zo heb ik meegemaakt dat op een bouwplaats, het kantoor (lees: management) gratis koffie uit de automaten kon halen en de bouwvakkers voor dezelfde koffie in een aparte keet een kwartje moesten betalen. Dat kantoor kon ook onbeperkt lunchpauzes nemen, terwijl de medewerkers middels een luide zoemer weer aan het werk werden gezet. En wat te denken van een raad van bestuur die een aparte lift had in het gebouw, om sneller bij de werkplek te komen. Hoe groter wil je de kloof tussen management en vloer hebben? Tussen management en vloer bestaat van nature al een kloof of verschil. Toch worden ze geacht samen het bedrijf verder te brengen. Om gezamenlijk de klanten beter te helpen, om samen het resultaat te verbeteren. Om samen die droom te verwezenlijken. Wat vloeit er dan een negatieve energie weg als de twee kampen bij elkaar, op één lijn, gebracht moeten worden.
Ongetwijfeld bestaat de vloer vaak uit een ander type mensen dan het management. Het personeel op de vloer is misschien minder theoretisch geschoold, minder bezig met carrière of met de volgende baan. Aan de

andere kant durf ik te beweren dat iedereen uiteindelijk plezier in zijn werk wil hebben. Iedereen wil op zijn manier succesvol zijn en iets bereiken. Wat dat betreft is er totaal geen verschil tussen de vloer en het management. Dit komt naar mijn idee voort uit trots. Ieder individu kent zijn trots. Ieder individu wil niet zomaar iets doen, maar iets betekenen, allereerst voor zichzelf, zijn directe omgeving, collega's, zijn gezin of familie en misschien zelfs wel voor de gehele maatschappij.

IEDEREEN WIL OP ZIJN MANIER SUCCESVOL ZIJN

Zo heb ik meegemaakt dat in mijn bedrijf de productiemensen niet wisten waar de producten die ze maakten uiteindelijk terecht kwamen en hoe het eindresultaat eruit zag. De vloer en het management waren twee aparte werelden.
Toen ik startte binnen het bedrijf en de vloer vroeg wat en voor wie ze iets deden, was de reactie dat ze niet gewend waren om dit te bespreken. Hun interesse hierin waren ze verloren. Het kwam er dan ook op neer dat ze maakten wat hun opgedragen werd van hogerhand, maar zonder veel gevoel en interesse. De manager hield het voor zichzelf en ging zelf naar klanten, nam zelf de beslissingen en nam bijvoorbeeld zelf de dank in ontvangst als een klant tevreden was.
Zaken als meedenken en verbeterideeën of oplossingen aandragen voor kwaliteitsissues waren absoluut niet aanwezig. Aan het eind van de dag hadden de medewerkers acht uur lang hun specifieke ding gedaan. Voor welke klant? Voor welk project? Ze hadden geen flauw idee. Dat was immers iets voor de manager.
Door nu de medewerkers in een vroeg stadium bij de opdracht te betrekken, veranderde er in snel tempo veel. Als manager kwam ik wel op de vloer. Ik besprak met iedereen wie de klant was, wat het eindproduct was of waar het naartoe ging. Dit zorgde voor saamhorigheid, teamspirit en meer interesse in het maken van de producten. De medewerkers hadden na acht uur op een dag niet zomaar (wat) gewerkt. Ze hadden bijvoorbeeld meegewerkt aan project x of het zetwerk voor stationshal y. Een bepaalde mate van trots ontstond. Ik hield de klant of de informatie niet voor mezelf. Ik begaf mij op de vloer. Ik werd één met het team en deelde zowat alles met mijn team. Met een geweldig neveneffect. Want als mensen trots worden op hun activiteiten en prestaties komt er meer initiatief, meer eigen verantwoordelijkheid, komen er minder fouten, enz. Ultiem vond ik de ervaring dat bij een opening van een door ons geleverd

project ergens in het land, een medewerker nota bene in zijn vakantie zijn familie rondleidde om te laten zien waar hij aan mee had gewerkt.
Na ongeveer een jaar was het zover dat productiemensen de bekende pin-upposters vervingen door foto's van de gerealiseerde projecten. Ze hingen foto's in de kantine, op hun werkplek, enz. Dit was voor mij een ultieme uiting van betrokkenheid en trots.

Klanten beter helpen, resultaat boeken of nieuwe ideeën doorvoeren dient een teamsport te zijn. Het is aan de manager om één team te worden met zijn mensen. Het is zaak om op één lijn te komen, zo veel mogelijk één van hen te worden en daarbij het goede voorbeeld te geven. Een team waarbinnen ieder zijn eigen rol en positie kent en heeft. Waarbij de wedstrijd op hetzelfde veld, met dezelfde bal, dezelfde regels en scheidsrechter en op dezelfde tijd wordt gespeeld. Gezamenlijk werk je aan de droom. Je bent de coach dus je zit wat meer aan de zijlijn, maar je bent erbij. Je kunt niet aankomen als de wedstrijd al een kwartier in volle gang is. Je kunt niet zeggen dat je spelers niet agressief tegen de tegenpartij mogen zijn en zelf amok maken met de andere coach. Je kunt niet de medewerkers water in de bidons geven en zelf lekker een sportdrankje nuttigen.

JE SPEELT ALLEMAAL DEZELFDE WEDSTRIJD OP HETZELFDE VELD

Manager, word één met je team. Dit is goed voor de moraal. De rol van manager kent uitdagingen, maar dit mag nooit een excuus zijn om geen tijd te hebben voor je team, laat staan om je anders te gedragen.

Het kan eenvoudig:

1 Bepaal wat jij op een dag anders doet dan jouw team.
2 Bepaal welke specifieke privileges jij hebt.
3 Bepaal welke hiervan niet te rechtvaardigen zijn.
4 Breek die privileges stuk voor stuk af.
5 Begeef je weer onder jouw teamgenoten.

11

Super Spoed

De kreet 'haastige spoed is zelden goed' heb je waarschijnlijk herhaaldelijk meegekregen van je ouders, de juf of meester, coach of baas. Neem je tijd, bekijk eerst alles rustig, overdenk wat je volgende stap is en zet eerst alles goed op een rijtje. 'Bezint eer gij begint'.
Waarheden als een koe. Toch durf ik het aan om te zeggen dat juist snelheid vele goede dingen oplevert. Mijn geloof in snelheid komt vanuit mijn positieve ervaringen met Lean. Lean is een werkwijze uit de stal van het Japanse Toyota. Over dit onderwerp zou ik een heel boek kunnen schrijven, maar ik wil hier alleen het element van snelheid nader toelichten, omdat ik het een krachtig onderdeel vind. Snelheid is een driver om dingen eenvoudig te krijgen.

SNELHEID ZORGT VOOR EENVOUD

Snelheid dwingt je om slimmigheden te bedenken. Snelheid dwingt je om problemen voor te zijn. Zeker in het geval waarbij je maar één kans hebt.
Neem de situatie dat de klant een product van jou wil afnemen. De klant heeft geen tijd om te wachten en wil uiteraard op tijd en in één keer het goede product hebben. Op het moment dat je geen voorraad hebt (de ultieme situatie) word je gedwongen het in één keer goed en snel te leveren. Een goed voorbeeld is de pitstop bij de formule 1. De klant, lees coureur, wil nieuwe banden op het moment dat het nodig is. Dit moet meteen in één keer goed. Ooit was dertig seconden normaal, nu is het record een kleine twee seconden.

Voor zo'n duizelingwekkende pitstop van twee seconden, word je gedwongen slimmigheden door te voeren en aanpassingen te doen, anders krijg je het proces van banden wisselen niet voor elkaar. Onderschat niet de enorme training en toewijding die van het team gevraagd zijn om tot die twee seconden te komen.

Figuur 25 Pitstop bij formule 1

Als je net als bij de pitstop snel iets moet produceren of leveren, zorg je er wel voor dat er geen onvoorspelbare zaken zullen gebeuren. Alles wat je kan beheersen en/of sturen, is door jou met alle zorg afgestemd. Je regelt dat de computer nooit stoort, de machines snel om te stellen zijn, je het beste gereedschap hebt, de juiste programma's tot je beschikking hebt of de juiste verantwoordelijkheden hebt om snel te beslissen. Wat als jouw klant te lang moet wachten op jouw product of dienst? Wat als de klant misgrijpt, omdat de kwaliteit onvoldoende is? Dat overkomt je een of twee keer, maar als het goed is, neem je voor de volgende keer je maatregelen.

Het is als een rivier met rotsblokken op de bodem. Je wil graag naar de overkant met je zeilboot. Het waterniveau staat gelijk aan de tijd die je nodig hebt om een product te maken of een dienst te leveren. De rotsblokken staan symbool voor de problemen, fouten of storingen die zich tijdens het proces kunnen voordoen. Dan is het idee dat als het waterniveau maar hoog genoeg is (lees: je hebt alle tijd), je nooit de rotsblokken zal raken. Je komt vanzelf wel een keer aan de overkant.

Figuur 26 De problemen blijven onder water

De problemen blijven onder water. Dit betekent overigens niet dat ze er niet zijn. Ze worden alleen vaak niet opgelost, of ten dele opgelost, waardoor het steeds-terugkerende, verstorende factoren zijn. En niet te vergeten verstoringen waar steeds weer negatieve energie naartoe gaat. Doordat ze onder water blijven, zijn het vaak problemen die niet overal bekend zijn. Productie kent ze, kantoor niet. Jan en Karen kennen ze, hun leidinggevende niet. Het verkoopteam kent ze, hun collega's van uitvoering niet. Het zijn verstoringen die niet algemeen bekend zijn. Verstoringen waar geen hoge prioriteit aan wordt gegeven en die daardoor niet snel en adequaat worden opgelost. Vaak zorgen deze verstoringen voor veel negatieve energie, frustraties en voor een permanent hoge waterstand. Want ook al zijn ze ver onder het water, ze zijn er wel.

WELK PROCES ZOU BIJ JOU BEST SNELLER KUNNEN?

Nu positief geredeneerd. Op het moment dat je de waterstand beetje bij beetje laat zakken (lees: als je de tijd verkort en je dus je product of dienst sneller moet leveren), zal je tegen een eerste rotsblok aanvaren.

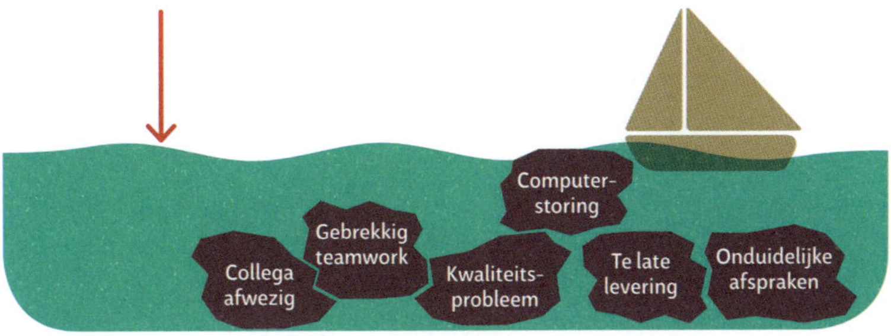

Figuur 27 Aanvaring met een probleem na verkorting van de doorlooptijd

Je wordt gedwongen om dit rotsblok te elimineren. Je komt anders immers niet verder. Het product of de dienst kan anders niet worden afgemaakt en daarmee niet op tijd geleverd worden aan de klant. Het proces zal stoppen. Natuurlijk, dit wil je niet. De kans is dan ook groot dat dit rotsblok heel snel wordt verwijderd.
Het rotsblok, het probleem, is nu weg en je kunt weer verder varen. Het proces kan weer doorgaan.

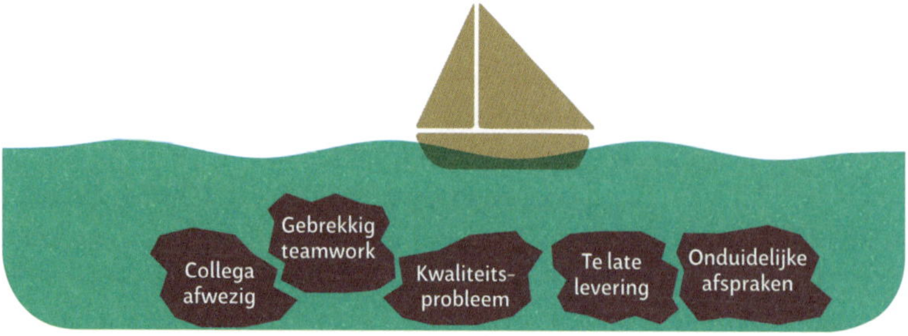

Figuur 28 Eén probleem uit de weg geruimd, je kunt weer verder varen

In de oude situatie, waarbij je het water niet zou hebben laten zakken, zou dit rotsblok nog onder het wateroppervlak blijven en ongetwijfeld ooit weer eens – en vaak op een ongelukkig moment – voor problemen zorgen. Met het zakken van het water is het probleem serieus genomen, aangepakt en opgelost. Je kunt weer ongestoord en sneller naar de overkant varen.
Bovendien is de kans zeer groot dat er met elkaar goed wordt nagedacht over het voorkomen van dit probleem in de toekomst. Om ervoor te zorgen dat het rotsblok nooit meer opduikt. Er zullen hoogstwaarschijnlijk preventieve acties en kwalitatieve verbeteringsslagen worden doorgevoerd om dit probleem voor altijd te voorkomen. Dit komt niet alleen ten bate van deze overtocht, dit proces, maar misschien ook wel van andere processen binnen het bedrijf.
Vervolgens laat je het water weer verder zakken. Lees: je zorgt dat de doorlooptijd weer verder omlaag gaat. De snelheid gaat verder omhoog. Je wil dat jouw product of dienst weer sneller wordt gemaakt en of geleverd. Het volgende rotsblok belet de overtocht.

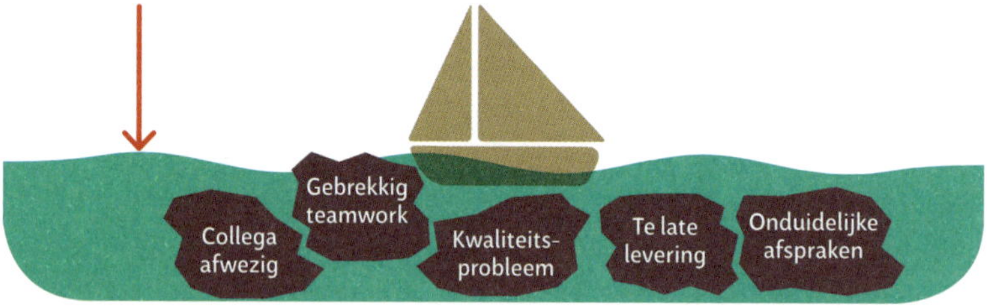

Figuur 29 Verdere verkorting van de doorlooptijd: een nieuw probleem duikt op

Ook hier is de oplossing: het rotsblok aanpakken en definitief opruimen om weer de overkant te halen. Zo gaat dit door en door. Wat je doet, is de organisatie dwingen richting een kortere doorlooptijd, voor het beter realiseren van een product of dienst.

Een mooie manier in de praktijk is bijvoorbeeld de voorraad omlaag of zelfs naar nul brengen, waardoor de organisatie sneller een product moet maken of dienst moet leveren. Je kunt immers niet meer uit een voorraad putten. Er moet direct gepresteerd worden. Het proces moet soepel lopen. Het eerste rotsblok zit in de weg en moet definitief opgeruimd worden. Iedereen van de organisatie kan het rotsblok zien en het wordt het obstakel om verder te komen. Het obstakel, de remmende factor, een frustratie, wordt definitief uit de weg geruimd. Dit zorgt ervoor dat we de volgende keer sneller en beter kunnen leveren. De voorspelbaarheid van het proces gaat omhoog, want een potentieel probleem is uit de weg geruimd.
Een geweldig bijkomend voordeel van het rotsblokken ruimen, is dat het ook goed is voor de moraal. Eindelijk worden nu eens die (alom bekende) problemen opgelost. Hier een voorbeeld aan de hand van uitlaten en auto's:

Een medewerker heeft de verantwoordelijkheid om uitlaten op nieuwe auto's te monteren. De auto komt bij zijn werkstation en de medewerker heeft een heleboel uitlaten tot zijn beschikking. De leverancier van uitlaten levert elke maand genoeg uitlaten voor elke volgende maand. De medewerker heeft daarnaast alle tijd om de uitlaat aan de auto te monteren, als hij het maar goed doet. Uiteraard zal hij niet alle tijd van de wereld krijgen, maar hoelang hij er exact over doet, dat maakt niet uit. De praktijk zal zijn dat hij keurig uitlaat voor uitlaat monteert. Als alles goed gaat, lukt het in zo'n vier minuten. Soms duurt het echter wel zes minuten.
Af en toe zit er een kromme uitlaat bij, maar aangezien er toch genoeg op voorraad zijn, legt hij die keurig weg bij de stapel afgekeurde uitlaten en zoekt een uitlaat die wel recht is. Grote kans dat iedereen tevreden is. De auto kan verder, hij heeft toch maar mooi een rechte uitlaat gemonteerd en de klant zal tevreden zijn.
Wat men uit het oog verliest, zijn de volgende 3 punten:
Punt 1: er is geen eenduidig en daarmee voorspelbaar proces. Vaak gaat het goed, soms gaat het mis. De ene keer duurt het vier minuten, dan weer zes minuten.
Punt 2: de afgekeurde, kromme uitlaten hebben geen topprioriteit. Weinig mensen hebben het door, want er komen nog steeds auto's met uitlaten van de lijn, dus het gaat toch goed. De kromme uitlaten liggen dan wel bij het stapeltje afkeur, maar zullen misschien eens in de zoveel tijd worden opgehaald, misschien besproken met de afdeling kwaliteit en in het slechtste geval gewoon worden verschot, zonder dat er een woord over valt. Dit laatste gebeurt vaker dan gedacht.

Punt 3: er zullen geen slimmigheden worden bedacht. De medewerker wordt nooit gedwongen om slimmigheden aan te brengen om het proces beter en efficiënter te laten verlopen. Dit is een gemiste kans.

Nu een beschrijving van hoe het ook kan. De medewerker krijgt de verantwoordelijkheid om binnen vier minuten de uitlaat te monteren. De auto gaat simpelweg na vier minuten door, middels bijvoorbeeld een lopende band. De snelheid is nu immers opgevoerd en de doorlooptijd is maatgevend. Wat gebeurt er nu als de medewerker een kromme uitlaat pakt? Paniek. Dit gebeurt één keer, misschien twee keer, maar er zal een situatie ontstaan waarbij dit probleem boven water komt. De medewerker wordt gedwongen het probleem op te lossen. De medewerker zal dit in eerste instantie zelf proberen, maar als dat niet lukt, zijn omgeving erbij betrekken. Dit gebeurt eigenlijk automatisch, aangezien iedereen doorkrijgt dat de auto niet doorkomt of dat de auto nog geen uitlaat heeft. De kromme uitlaat wordt ineens topprioriteit. De leverancier zal ongetwijfeld op het matje worden geroepen en de opdracht meekrijgen om alleen nog maar rechte uitlaten te leveren. De bal komt bij de leverancier te liggen. Hij krijgt zelf de verantwoordelijkheid en verplichting om dit goed te doen. Als je de snelheid ook nog combineert met het gegeven dat de medewerker steeds maar één uitlaat tot zijn beschikking heeft, dan is het probleem zeker snel opgelost. Er is geen sprake van een eindeloze voorraad. Er ligt steeds maar één uitlaat klaar en dat is een rechte. Het gevolg: een probleem dat er eigenlijk altijd al was, wordt nu eens definitief opgelost. De voorspelbaarheid van het proces gaat omhoog en de faalkosten in tijd en geld gaan omlaag. Daarnaast verdwijnt de frustratie over kromme uitlaten als sneeuw voor de zon. Iedereen komt op scherp en dat komt het proces en daarmee de klant ten goede.

De volgende stap is de snelheid verder op te voeren, het water weer wat te laten zakken, zodat het volgende probleem dient te worden opgelost. De medewerker heeft geen vier maar slechts drie minuten voor de uitlaat. Slimmigheden zullen verder worden doorgevoerd. Uiteindelijk kom je misschien wel in de sfeer van seconden. Denk aan de pitstop in de formule 1.

Om te komen tot een veel efficiënter of sneller proces, verwacht je misschien meteen hoge kosten. Je verwacht dat zo'n verbetering veel mensen en middelen kost en daarmee geld. Mijn ervaring is dat dit maar ten dele waar is. De grote sprong van bijvoorbeeld vier minuten naar dertig seconden kost

in vele gevallen vooral slechts tijd en energie. Tijd en energie om het proces te verbeteren. Een halvering van tijd of een sprong van vier minuten naar dertig seconden lijkt een megasprong, maar je zult verbaasd zijn hoe relatief makkelijk zo'n (eerste) grote sprong valt te realiseren.
Met andere inzet van de mensen, andere indeling van de werkomgeving, het beter vastleggen van de afspraken of bijvoorbeeld het systematisch opruimen van de omgeving, kan je deze sprong vaak al maken. Om dan vervolgens verder te gaan van dertig seconden naar bijvoorbeeld acht seconden, is uitdagender. Dan pas zal je ook andere middelen of meer mensen nodig hebben en daarmee kosten gaan maken.
Met het zakken van het water worden problemen zichtbaar en met een grote waarschijnlijkheid definitief opgelost. Dit betekent overigens niet dat er uiteindelijk nooit meer problemen zullen zijn. Er zullen zich altijd nieuwe problemen voor blijven doen. Al is het maar omdat de wereld en daarmee de omgeving en de middelen veranderen. De organisatie is dynamisch, de wensen van de klant wijzigen of de middelen slijten en verouderen. Reden te meer om dagelijks in het proces bezig te zijn om systematisch de problemen boven water te krijgen. Hiermee worden de problemen sneller opgelost en de problemen worden minder, en beter voorspelbaar.
Ik stipte het hiervoor al aan: u zult merken dat een niet onbelangrijk effect van het verlagen van de waterstand het verhogen van de moraal is. Je komt in een positieve spiraal. Problemen, die vaak tot frustraties leiden, worden eindelijk eens opgelost. Dit zorgt voor positieve energie om weer het volgende te verbeteren. Klanten zullen ervaren dat zij, met het opvoeren van de snelheid, efficiënter en beter geholpen worden. Zij hoeven niet meer lang te wachten en de kans is groter dat het in één keer goed gaat.

Het is toch vreemd dat je voor de levering van jouw nieuwe dure bed of auto vaak drie maanden moet wachten en dat het product dikwijls niet helemaal is zoals het had moeten zijn?

SNELHEID IS GOED VOOR DE MORAAL

Een voedselbedrijf vroeg mij eens te helpen bij het vereenvoudigen van het schoonmaakproces van een complexe installatie. Dit proces had een doorlooptijd van meer dan vier dagen. Vier dagen van drie ploegen van acht uur. Elke ploeg bestond uit zes medewerkers. In totaal waren 4x3x8x6, lees 576 manuren nodig om de installatie te reinigen. Het bedrijf vond dat er iets moest gebeuren, aangezien de benodigde manuren over de jaren

toenamen. De verhouding tussen schoonmaaktijd en productietijd was niet gezond. Het proces kon efficiënter. De ambitie was uitgesproken om de doorlooptijd ten minste te halveren.
Sneller zou betekenen dat dingen anders en slimmer moesten. Was een halvering van de doorlooptijd reëel? Om daar achter te komen, was mijn eerste actie het bijwonen van een volledige schoonmaakbeurt. Zo veel als mogelijk heb ik gedurende die vier dagen de drie ploegen en al hun acties geobserveerd. De conclusies waren mij meer dan duidelijk. Ik was niet verbaasd dat de schoonmaakbeurt zoveel tijd in beslag nam met zoveel mensen. Ik wist ook meteen dat het veel sneller kon. Het was een optelsom van allerlei problemen. Ze waren meer bezig geweest de gevolgen op te lossen of te organiseren dan de oorzaken beet te pakken. En zo was een gedrocht van een schoonmaakoperatie ontstaan.
Om te beginnen was er geen duidelijke instructie over wat nou precies schoon was. Bij elke ploegwissel gebeurde systematisch het volgende. De nieuwe ploeg ging eerst zeker een uur controleren wat de vorige ploeg had gedaan om vervolgens zeker nog een uur of twee dunnetjes over te doen wat de vorige ploeg had gedaan. De managers kenden dit fenomeen en in plaats van met de ploegen te bespreken wat schoon is en hoe je een goede overdracht doet, ging men juist extra ploegen erbij zetten om te zorgen dat uiteindelijk alles min of meer dubbel werd gedaan, maar wel schoon was. Dit had ook alles met vertrouwen te maken. De ene ploeg vertrouwde de andere niet. Het was geen teamwork, maar ieder voor zich.
Een ander fenomeen betrof de middelen als schroevendraaiers, steeksleutels, bezems, trekkers of spuiten die benodigd waren voor het schoonmaken. Hier was vrij weinig in georganiseerd. Aangezien de installatie vijf verdiepingen betrof, kwam het zeer geregeld voor dat een schoonmaker vier verdiepingen lager een schroevendraaier moest 'lenen' van een collega. Er ging algauw een halfuur verloren met op en neer lopen, zoeken en weer aan de slag gaan met de geleende schroevendraaier, voor een handeling van vijf seconden. Het klinkt te simpel voor woorden, maar niet zelden draait het om zulke banale zaken. Men moest het maar onder elkaar regelen met de gereedschappen.
Weer iets anders betrof de bereikbaarheid van de gereedschappen. Veel hiervan zat achter slot en grendel bij de Technische Dienst. Nou wilde het geval dat deze alleen gedurende dagdienst doordeweeks bemand was. Buiten deze tijden, en laat nou de schoonmaak 24/7 plaatsvinden, moesten de schoonmaakploegen zich behelpen of simpelweg wachten tot de TD weer beschikbaar was. Managers waren bang dat de gereedschappen

misbruikt zouden worden en niet meer terug zouden komen. Hoezo vertrouwen? Met als gevolg dat de schoonmaakploegen veel tijd verloren met het niet hebben van de juiste gereedschappen. Het gevolg was dat er extra ploegen en tijd werden ingeruimd om de schoonmaakcyclus afgerond te krijgen.
Na al mijn constateringen ben ik met de managers en uiteraard de schoonmaakploegen aan de slag gegaan. Alles begint met inzicht. Gezamenlijk hebben wij gezorgd dat we inzicht kregen in de huidige doorlooptijd, de aanwezige rotsblokken en alles wat erbij kwam kijken. Met een halvering van de doorlooptijd als missie is het team het proces opnieuw gaan inrichten. Rotsblokken als te weinig gereedschap, het beschikbaar stellen van de sleutel van de TD-ruimte en een goede overdracht tussen de ploegen werden daarbij besproken.
Resultaat: een schoonmaakcyclus ging van vier dagen rond de klok terug naar één dag van vierentwintig uur.
Wat nou een halvering.
Met alleen maar tevreden, lachende mensen en een betere eindkwaliteit. Hoe eenvoudig kan het zijn? Ook hier lag het goud voor het oprapen.

Tot slot, en ik besef dat dit een gewaagde uitspraak is: opvoeren van de snelheid voert de druk op en dit verbetert het resultaat. Naast het definitief opruimen van verstoringen en het doorvoeren van slimmigheden, zorgt het hoger leggen van de lat ook voor wat adrenaline om net wat meer te presteren. Mits het een gezonde druk is, is de kans groot dat medewerkers net wat efficiënter zullen werken met meer oog voor de klant en kwaliteit. Mijn ervaring is dat medewerkers het vaak fijner vinden als er volop werk is dat snel af moet dan wanneer de druk ontbreekt.

Het kan eenvoudig:

1 Kies als start één proces.
2 Breng met het team het huidige proces in kaart.
3 Definieer de rotsblokken.
4 Zet een ambitieus doel voor de doorlooptijd (bijvoorbeeld halvering).
5 Richt met het team het proces opnieuw in.
6 Ruim de rotsblokken op.
7 Meet de nieuwe doorlooptijd.
8 Werk een periode volgens het nieuwe proces.
9 Voer kleine verbeteringen door.
10 Bepaal na verloop van tijd weer een snellere doorlooptijd en begin weer bij stap 2.

Dromen komen uit

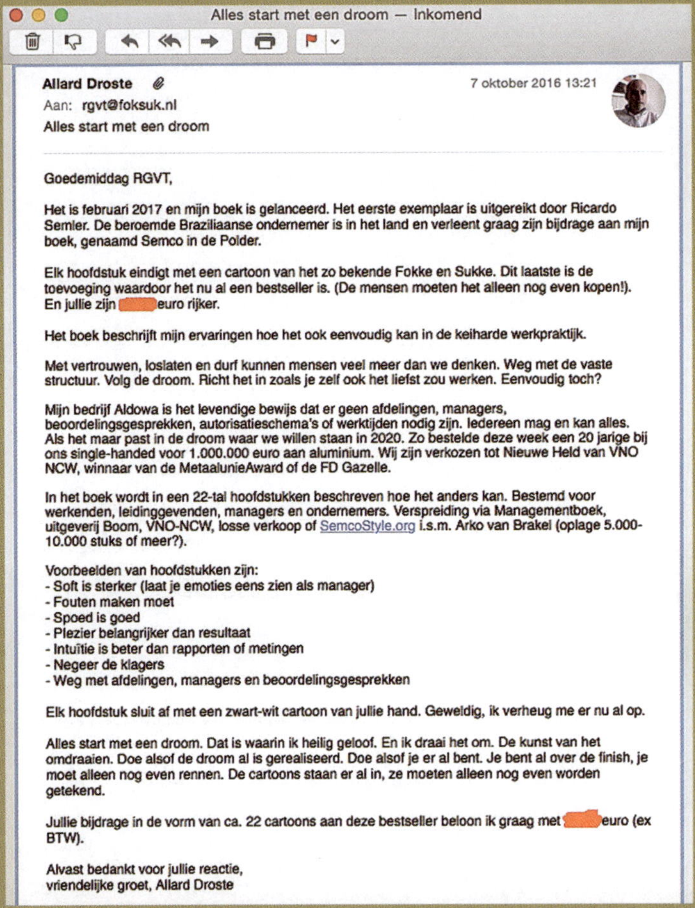

Alles start met een droom — Inkomend

Allard Droste 7 oktober 2016 13:21

Aan: rgvt@foksuk.nl

Alles start met een droom

Goedemiddag RGVT,

Het is februari 2017 en mijn boek is gelanceerd. Het eerste exemplaar is uitgereikt door Ricardo Semler. De beroemde Braziliaanse ondernemer is in het land en verleent graag zijn bijdrage aan mijn boek, genaamd Semco in de Polder.

Elk hoofdstuk eindigt met een cartoon van het zo bekende Fokke en Sukke. Dit laatste is de toevoeging waardoor het nu al een bestseller is. (De mensen moeten het alleen nog even kopen!). En jullie zijn [redacted] euro rijker.

Het boek beschrijft mijn ervaringen hoe het ook eenvoudig kan in de keiharde werkpraktijk.

Met vertrouwen, loslaten en durf kunnen mensen veel meer dan we denken. Weg met de vaste structuur. Volg de droom. Richt het in zoals je zelf ook het liefst zou werken. Eenvoudig toch?

Mijn bedrijf Aldowa is het levendige bewijs dat er geen afdelingen, managers, beoordelingsgesprekken, autorisatieschema's of werktijden nodig zijn. Iedereen mag en kan alles. Als het maar past in de droom waar we willen staan in 2020. Zo bestelde deze week een 20 jarige bij ons single-handed voor 1.000.000 euro aan aluminium. Wij zijn verkozen tot Nieuwe Held van VNO NCW, winnaar van de MetaalunieAward of de FD Gazelle.

In het boek wordt in een 22-tal hoofdstukken beschreven hoe het anders kan. Bestemd voor werkenden, leidinggevenden, managers en ondernemers. Verspreiding via Managementboek, uitgeverij Boom, VNO-NCW, losse verkoop of SemcoStyle.org i.s.m. Arko van Brakel (oplage 5.000-10.000 stuks of meer?).

Voorbeelden van hoofdstukken zijn:
- Soft is sterker (laat je emoties eens zien als manager)
- Fouten maken moet
- Spoed is goed
- Plezier belangrijker dan resultaat
- Intuïtie is beter dan rapporten of metingen
- Negeer de klagers
- Weg met afdelingen, managers en beoordelingsgesprekken

Elk hoofdstuk sluit af met een zwart-wit cartoon van jullie hand. Geweldig, ik verheug me er nu al op.

Alles start met een droom. Dat is waarin ik heilig geloof. En ik draai het om. De kunst van het omdraaien. Doe alsof de droom al is gerealiseerd. Doe alsof je er al bent. Je bent al over de finish, je moet alleen nog even rennen. De cartoons staan er al in, ze moeten alleen nog even worden getekend.

Jullie bijdrage in de vorm van ca. 22 cartoons aan deze bestseller beloon ik graag met [redacted] euro (ex BTW).

Alvast bedankt voor jullie reactie,
vriendelijke groet, Allard Droste

Figuur 30 Alles start met een droom-e-mail

12

Delen met velen

Wat heerlijk, die welverdiende taart helemaal voor jezelf. Niemand om mee te moeten delen. Geen anderen die een stuk willen van jouw taart, of de kersen er vanaf willen snoepen. Echter ... het is wel saai in je eentje. Alleen is maar alleen. Het feestje is stil.

Als je de knop weet om te zetten en de taart deelt – en dit is echt een mentaliteitskwestie waar gevoel en lef bij komen kijken – dan zal je per saldo een grote kans hebben op een groter stuk taart dan je in je eentje gehad zou hebben. Een groter stuk, dat zelfs beter smaakt.

Durf open te staan voor anderen, om te delen. Je zult daardoor meer ontvangen, zowel in kwantiteit als kwaliteit. Dit betekent bijvoorbeeld het durven delen van ideeën, oplossingen of resultaten. Geen geheimen, geen aparte onderonsjes, geen onemanshows, maar juist het delen van winsten, het delen van zaken, het belonen van tips of het belonen van andermans ideeën.

Als je durft open te staan voor anderen, zal je sneller worden geholpen. Je krijgt eerder steun en tips. Resultaat wordt je gegund. Het start met delen, maar je eindigt met zoveel meer. Daarnaast is het gewoon prettig. Het gaat hier om positieve energie.

DELEN GEEFT POSITIEVE ENERGIE

Angst verlamt. Angst geeft spanning, maakt je onzeker en het levert simpelweg minder op. Zeker in mindere tijden zal de taart snel kleiner worden en kan het eindigen met slechts een plakje cake. Of in het slechtste geval blijf je met kruimels achter. Als je in goede tijden hebt leren delen en openstond voor anderen, zal je merken dat de kans groter is dat je ook in slechte tijden taart kan blijven eten. Ga maar na bij jezelf. Waarom zou iemand iets met je delen of je helpen, als je toch alles altijd voor jezelf houdt? Als je er nooit voor openstaat, laat staan iets voor terugdoet. Tot op heden heb ik het altijd zo zien werken.

En wat moet je dan denken van die mensen die misbruik van jouw delen maken? Misbruik van jouw goedheid, vertrouwen of openheid? Deze mensen zullen er ongetwijfeld weleens tussen zitten. Laat je er vooral niet door leiden. Ze zullen in de minderheid zijn en ondanks dat ze je zullen bestelen of benadelen, blijft de balans positief uitslaan door de ontelbare positieve ervaringen. De winst van delen is keer op keer vele malen groter dan het enkele verlies van een stukje van de taart of zelfs de kers, vanwege die ene onbetrouwbare partner.

In deze maatschappij word je ongetwijfeld weleens bedonderd, of je nu deelt of niet. Je kunt ervan overtuigd zijn dat als je alles voor jezelf houdt, er nooit iemand misbruik van jou of je situatie kan maken. Zo werkt het niet. Er zal altijd wel iemand zijn die ervandoorgaat met bijvoorbeeld jouw idee, plan of winst. Hoe hoog de muren ook zijn die je om je heen opbouwt. Mijn advies zou dan ook zijn: laat je niet leiden door deze ene persoon of situatie. Gooi alles open. Laat mensen met je delen. Deel informatie, kennis, plannen of toekomstdromen en je zal er veel voor terugkrijgen. 'Wie goed doet, goed ontmoet' is niet voor niets een bekend gezegde.

WAT ZOU HET JOU EXTRA OPLEVEREN ALS JE MEER ZOU DURVEN DELEN?

Dit alles gratis en voor niets. Nou ja, voor niets, je hebt veel moeten geven. Niet zozeer in materiële zin, maar in het delen van jouw wereld.

Wat betekent delen? Hierbij enkele voorbeelden.

Jouw project loopt beter dan gepland. De winst valt hoger uit. Ben je dan bereid om een deel van de extra winst (terug) te geven aan je projectpartner, onderaannemer, leverancier of zelfs je klant? Stel dat je het durft te doen, wat denk je dat er gebeurt als er dan een nieuw project valt te vergeven?

Jouw afdelingsresultaat is beter dan gepland. Geef eens een extraatje aan de medewerkers. Wat denk je dat er zal gebeuren als jij in een drukke periode je medewerkers hard nodig hebt?

Je hebt een plan voor een mooi nieuw project en je deelt die informatie met jouw kennissen, vrienden of zelfs concurrenten. Wat is de kans dat iemand je verder helpt? Verder met een goede volgende stap waaraan je zelf nog niet had gedacht. Een introductie bij iemand die jou verder kan helpen. Het krijgen van een hint over iets waar je zelf nog niet aan had gedacht. Meer weten meer dan één.

Je zal merken dat het delen zorgt voor een wederkerigheid. Er zijn altijd mensen die op hun beurt weer met jou gaan delen. Wie kan delen, kan vermenigvuldigen, zoals het bekende gezegde luidt. Dit is pure psychologie. Als je iets geeft aan iemand, voelt de ander zich emotioneel verplicht om iets terug te doen. Met een mooie term wordt dit aangeduid als wederkerigheid.

Zo heeft men een test gedaan in een restaurant, waarbij de ene helft van de gasten alleen de rekening kreeg en de andere helft de rekening en een pepermuntje. De tweede groep gaf 3% meer fooi. Dit werd zelfs 14% meer bij het ontvangen van twee pepermuntjes.
De wederkerigheid kan nog verder worden versterkt als het echt persoonlijk wordt gemaakt. Stel, de ober komt na het geven van een pepermuntje bij de rekening terug met de boodschap: 'Omdat jullie zo aardig zijn, hier nog een extra pepermuntje.' Dan verhoogt de ober zijn fooi met wel 23%.

Dit was een voorbeeld van iets fysieks delen. Maar onder delen versta ik niet alleen de materiële zaken als winst, spullen of goederen. Immateriële zaken als kennis, ambities, plannen, dromen of nieuwe ideeën zijn ook goed te delen. Uiteraard, het delen van geld of middelen is positief, maar zeker, of juist ook, de immateriële zaken kunnen je veel opleveren. Het delen van bijvoorbeeld ideeën en plannen geeft een grote mate van betrokkenheid. Je wordt ergens bij betrokken. Ik geloof dat het merendeel van de mensen het dan simpelweg geweldig vindt om je verder te helpen. Zelfs zonder iets fysieks te krijgen.

IMMATERIËLE ZAKEN DELEN, LEVERT VEEL OP

Een mooi voorbeeld is het tot stand komen van dit boek. Op een bepaald moment tijdens het schrijven ben ik dit gaan delen met mijn omgeving. Ik was even bang dat als ik het met titel en al zou delen, er mogelijk een ander met het idee vandoor zou gaan. Belachelijk, ja, ik besef het, maar het kwam toch in mij op. Gelukkig snel die foute gedachte geparkeerd.
Wat gebeurde er? Tijdens mijn schrijfproces kreeg ik (gratis) tips van mijn omgeving. Mensen hadden nog leads van uitgevers, kwamen met ideeën over de inhoud en hielpen mij in hun vrije tijd met het redigeren van de tekst. Hoe fijn was dat.

De ene (overgrote) helft zal het doen vanuit een oprechtheid om je te willen helpen. De andere helft zal het doen om te laten zien dat ze ook iets kunnen bijdragen. Het maakt niets uit. In beide gevallen word je geholpen en kom je verder. Concentreer je net als bij alles niet op de angst voor de mensen die er misbruik van zullen maken. Concentreer je op het overgrote deel dat je verder zal helpen.

Het kan eenvoudig:

1 Durf jouw angst dat iemand jouw idee of materie overneemt te negeren.
2 Deel jouw idee met je omgeving.
3 Vraag jouw omgeving om mee te doen of te denken.
4 (Ver)deel de eventuele opbrengst of het resultaat.
5 Laat de taart aanrukken.

13

Samen aan het stuur

Laatst las ik in een onderzoek dat maar liefst tweederde van de medewerkers in Nederland ontevreden is over zijn leidinggevende. Slechts twee van de tien Nederlanders is echt goed te spreken over zijn baas. Bizar, als je je realiseert dat resultaten behalen een teamprestatie van leidinggevende en medewerkers zou moeten zijn. Je zou dan mogen verwachten dat de relatie tussen leidinggevende en de medewerkers op z'n minst goed is. Goed genoeg om productief samen te werken. Medewerkers zouden een bepaalde mate van respect hebben voor de leidinggevende. Hij is immers wel diegene die veel verantwoordelijkheid op zijn schouders neemt. De manager heeft op zijn beurt respect voor de medewerkers, die het werk met alles wat erbij komt kijken elke dag uitvoeren.

Wat is het toch, dat op het moment dat een medewerker gepromoveerd wordt tot manager, hij zich vrijwel direct anders gedraagt? Managers moeten ineens belangrijk zijn en, vooral, overkomen. Het begint al met een andere kamer – vaak op een verdieping boven de medewerkers – andere kledij, het moeilijker benaderbaar zijn of op een andere plek lunchen. Het lijkt ineens of hij een andere persoon is geworden. Ik hoor dan vaak dat zijn collega's, waarmee hij lange tijd op gelijke hoogte was, hem niet meer herkennen. Waarom in één keer anders doen?
Uiteraard horen bij de nieuwe positie andere verantwoordelijkheden, het nemen van andere beslissingen of het verwerken van andere plannen. Waarom kan dat ineens niet meer samen met de teamgenoten, de oud-collega's? Vaak zijn de teamgenoten aan wie hij leiding is gaan geven professionals, ervaren experts of volwassen medewerkers, die niet op een zogenaamd superieure baas zitten te wachten. Laat staan die nodig hebben. De rol van de nieuwe manager zou het begeleiden, helpen en het beter maken van de medewerkers moeten zijn. Gezamenlijk de koers bepalen, de gewenste sfeer voorstaan, het voorbeeld geven en zorgen dat het optimale

resultaat met de groep wordt behaald. Ik noem dit gemakshalve faciliterend leidinggeven.

IEDEREEN IS DE BAAS

Het team van medewerkers moet het werk doen. Eigenlijk is iedereen een beetje de baas. Als een manager zijn medewerker op de goede plek zet, juist begeleidt en stimuleert om het beste uit hem en zijn omgeving naar boven te halen, zal de medewerker zich meer eigenaar voelen. Dan heeft hij die hiërarchische baas niet of nauwelijks nodig. Het team wordt zelfsturend. Zelf geef ik de voorkeur aan de term 'samensturend', aangezien je het toch samen moet doen.
Minder de manager die de politieagent speelt. Minder de manager die alles zelf wil doen en de hete kastanjes uit het vuur wil halen. De kloof tussen de medewerkers en de manager wordt zo kleiner en de grap is dat in dit model men uiteindelijk meer respect voor de zogenaamde baas heeft. Terug naar de werkvloer is dan niet meer nodig.

Een mooi element van het faciliterend leidinggeven, is het loslaten en het vragen stellen. Om met het eerste te beginnen: loslaten. Als manager moet je leren loslaten. Het is een makkelijke vergelijking, maar kinderen laat je ook los. Je kan een kinderfiets voor ze uitzoeken, maar het kind moet zelf leren fietsen. Uiteraard ben je er de eerste keer of keren bij. Je doet het een keer voor, je rent ernaast of troost het kind als het een keer valt. De trapbewegingen en het sturen zal het kind zelf moeten ontdekken. Voordat je het weet, fietst het kind zelf weg. In het werkend bestaan met collega's is het niet anders. Als manager zal je moeten begeleiden, ondersteunen of eens moeten inspringen. Het (inhoudelijke) werk zal de medewerker echt zelf moeten doen. Dit is loslaten.

WANNEER HEB JIJ VOOR HET LAATST EEN STAP OPZIJ DURVEN TE DOEN?

Het is doodeng. Zal de medewerker het wel conform jouw kwaliteitseisen of op jouw niveau doen? Zullen er geen fouten worden gemaakt? Zal hij niet alles wat met zoveel aandacht is opgebouwd, door een domme actie teniet doen? Zal hij niet de klant wegjagen door een onnozele fout? Toch zal je moeten loslaten. Onder meer om de simpele reden dat je voor één medewerker nog wel zijn werk kan doen of bedenken, maar worden het er

meer, dan lukt dat je simpelweg niet meer. Dan blijft de output afhankelijk van slechts één persoon, te weten de manager.
Andersom geredeneerd, op het moment dat je loslaat, zullen de medewerkers hun eigen verantwoordelijkheid gaan nemen en krijg je een output die vele malen hoger is, doordat iedereen iets gaat opleveren. Niet alleen de manager. Het bijkomende voordeel is ook nog eens dat de output beter gedragen wordt, doordat de mensen het zelf hebben mogen bedenken, invullen en/of uitvoeren.
Worden er dan fouten gemaakt? Is het resultaat dan soms anders, of slechter dan het gewenste niveau van de manager? Of niet gelijk aan zoals de manager het gedaan zou hebben? Ongetwijfeld. Ongetwijfeld gaan er weleens dingen mis, maken de mensen een fout, zal het niveau niet helemaal gelijk zijn aan dat van de manager. Is die manager dan altijd foutloos? Weet hij het dan altijd het beste? Nee, luidt eenduidig mijn antwoord. Sterker nog, de medewerkers weten vaak inhoudelijk beter hoe en wat, aangezien ze taken vaak al langer en ook dikwijls als dagelijkse activiteit uitvoeren. Wat weet een manager nou van het leggen van een goede las, vergeleken met een ervaren lasser? Wat weet een manager nou van het verkopen van een product, vergeleken met de verkoper die dat al tien jaar doet? Slechts twee voorbeelden van situaties waarbij ik heb gezien dat de manager wel even ging bepalen hoe het moest.
Trap als manager niet in deze valkuil. Laat los. Laat het werk aan de teamgenoten over en facilitair enkel. Je zal zien dat er een ongekende stroom aan positieve energie vrijkomt bij de medewerkers, aangezien ze zich meer betrokken en verantwoordelijk voelen. Er zullen vele goede ideeën van onderuit loskomen die het bedrijf verder brengen. In een hiërarchische omgeving komt er gemiddeld zo'n één idee per medewerker per jaar uit. In omgevingen waar de medewerker zijn verantwoordelijkheid mag pakken, is aangetoond dat deze gemiddeld één idee per maand oppert. Twaalf keer zoveel dus. Wat een bron van gratis ideeën.
Loslaten heeft wel alles met vertrouwen te maken. Een manager durft pas los te laten als hij zijn medewerkers vertrouwt. Het is een kip-eiverhaal. Als de manager wil loslaten, moet hij de medewerker kunnen vertrouwen. Als hij de medewerker vertrouwt, kan hij loslaten. Vaak laat de manager maar half los, omdat hij toch niet iedereen of alles vertrouwt.

LAAT JE NIET LEIDEN DOOR DE UITZONDERING

In elke situatie kan er weleens iets mis gaan of kan iemand misbruik maken van de vrijheid. Dit gebeurt zowel in een zwaar gecontroleerde als in een vrije omgeving. Laat je nou niet leiden door de uitzonderingen. Over het algemeen willen bijna alle mensen graag de verantwoordelijkheid hebben over hun eigen activiteiten en omgeving. En nog belangrijker, ze kunnen uitstekend met die verantwoordelijkheid omgaan.

Naast het loslaten bij faciliterend leidinggeven is vragen stellen belangrijk. Vragen stellen is een werkwijze om op een totaal andere manier een team aan te sturen. Normaal gesproken gaat de medewerker met al zijn vragen naar de manager, die op zijn beurt conform het standaardpatroon met antwoorden komt. Daar is hij immers de manager voor. Hij moet beslissen en wordt verwacht de slimste, de beste te zijn. Gevolg: de manager heeft het druk met beslissingen nemen over zaken waar hij niet altijd de beste man voor is. Hij neemt tevens automatisch alle verantwoordelijkheden op zich. Want als het mis gaat, is het zijn keuze geweest. De medewerkers aan de andere kant zullen nog meer achterover gaan leunen. Want de baas neemt toch wel de beslissing. Hij weet het toch allemaal zo goed.
Draai dit als manager 180 graden om. Beantwoord elke vraag van een medewerker met een wedervraag. Laat de medewerker zelf een antwoord geven op zijn vraag. Het grappige is dat de medewerker vaak zelf dondersgoed weet wat een antwoord op zijn vraag zou kunnen zijn, maar het in een klimaat waar de baas alle vragen beantwoordde simpelweg heeft afgeleerd om dit antwoord zelf te geven. Een bijkomend effect is dat je zult merken dat na verloop van tijd medewerkers minder vragen zullen gaan stellen. Dit omdat ze doorkrijgen dat ze vaak zelf al weten wat te doen.
Laat de medewerker weer zelf nadenken over mogelijke oplossingen van zijn vraagstuk.

Het was begin 2013. Wij hadden bij Aldowa te Rotterdam een droom. Een hele specifieke. Het droomproject ICC. Het International Crime Court. Het begon zoals wij dat altijd doen met een plaatje van het gebouw zoals het nog gebouwd moest worden. Op ons droombord, een whiteboard in onze kantoortuin, hing het plaatje van ICC. Als we op dat bord een plaatje van een nog te bouwen gebouw ophangen, weten we dat de magie gaat werken. We doen alsof de gevel al door ons is gemaakt. We vieren het al met taart. We maken al proeven en nodigen de klant uit om te zien hoe we het gaan aanpakken. En o ja, de offerte moeten we nog even maken.

De droom kwam uit op 6 december van dat jaar. Trots haalden we de miljoenenorder binnen. Het betrof 18.000 gevelpanelen die in een periode van een halfjaar tijd moesten worden gemaakt en geleverd. Elke dag zo'n 150 stuks handgemaakte, specialistische panelen die gezet en gelast dienden te worden.
We kwamen terug op kantoor en beseften al snel nadat de taart was gedeeld, dat we nog een korte drie weken hadden voordat de eerste producten begin januari moesten worden geleverd. Waarop de leveringen in een moordend tempo zouden volgen.
Uiteraard hadden we de opdracht met meerdere teamgenoten binnengehaald en het werd dan ook met z'n allen gevierd. Het was echt teamwork geweest. Diverse mock-ups waren gemaakt, berekeningen uitgevoerd, verscheidene revisies van de offertes waren gepasseerd en als team hadden we menige presentatie gegeven om de klant te overtuigen.
Nu was het zover en moesten we echt aan de bak. Na de taart zaten mijn partner Alwin Versluis en ik al druk plannen te maken over hoe wij de productie op zouden gaan starten. Er was werk aan de winkel, de druk was hoog en er moest in korte tijd gepresteerd worden. Terwijl wij koortsachtig op kantoor met z'n tweeën bezig waren te bepalen hoe alles aan te pakken, wie wat ging doen en, nog erger, hoe de mannen van productie het moesten gaan doen, bekroop ons ineens het gevoel dat dit weleens een heel moeizaam traject kon gaan worden. Ik werd er bijna pessimistisch van. Hoe kregen wij nou iedereen zover dat ze gingen doen wat wij tweeën in ons hoofd hadden? Om maar die gemiddeld 150 specialistische producten per dag te maken, opdat de klant tevreden zou zijn.
Wacht eens even. Ineens schoot het me te binnen. Wij waren in een enorme valkuil gestapt. Met als excuus ons enthousiasme en de druk van zo'n omvangrijk project. Wij zouden als eindverantwoordelijke wel bedenken hoe de order moest gaan lopen. Wij hadden even bedacht hoe en wat. Maar wat wisten wij nou van metaal lassen? Tuurlijk, wij wisten er iets van. Hadden wij het ooit zelf gedaan? Ja, maar dat was een ramp gebleken. Hadden wij ervaring met zetten? Nee. Moesten wij al die 18.000 producten gaan maken? Nee.
Waar had ik al zes jaar hard aan gewerkt binnen het bedrijf? Juist, het geven van eigen verantwoordelijkheid, het op een andere manier doen, dingen loslaten en het geven van vertrouwen.
Terug op aarde kwam het plan om het totaal anders te doen. Wij gingen het 180 graden omdraaien. De productiemensen werden de baas over hun eigen werk en we zouden alleen nog faciliteren. Gelukkig we waren nog

op tijd. Binnen vijf minuten hadden wij een lasser, Raymond, 52 jaar, met 35 jaar ervaring, en een zetter, Michael, 21 jaar met slechts 2 jaar ervaring, om de tafel.

'Mannen wij hebben geweldig nieuws voor jullie. Jullie zijn bij dezen de trotse eigenaar geworden van de grootste order van Aldowa. Jullie mogen de order helemaal uitvoeren zoals je het zelf wenst. Kies je team, machines en plek. Koop wat je nodig hebt. Je mag alles regelen. Als je maar 18.000 panelen in zes maanden tijd kan maken, startend over vier weken.'

Wij managers werden facilitators, de hulptroepen. Michael en Raymond werden de baas.

Bekomen van de schrik vroeg Michael: 'Waarom ik? Ik ben net 21 en net aan boord. Ik kan zetten, ik kan een plaat tot paneel vouwen, maar ik heb nog nooit een order helemaal mogen organiseren.' Ons antwoord: 'Michael, jij bent fris en jong. Je kan veel meer dan je denkt, gefeliciteerd.'

Geïnspireerd door Michael durfde onze ervaren lasser te reageren. 'Waarom ik? Ik loop hier al jaren rond, heb dit nog nooit gedaan en mag ik dit dan? Kan ik dit dan?' 'Raymond jij hebt alle ervaring van de wereld, je kent hier iedereen en alles, je kan het.'

Na hen wat op hun gemak te hebben gesteld, bekwamen ze een beetje van de schrik en accepteerden ze de uitdaging. Ze gingen aan het werk. Zo, dat hadden wij mooi geregeld.

Misschien was onze angst nog wel groter dan die van hen. Dat lieten we in ieder geval niet merken.

Zeker een week ging voorbij, 6 januari kwam snel in zicht, en wat denk je? Misschien niet verbazingwekkend, er was nog niets gebeurd. Het tweetal was ogenschijnlijk gewoon weer aan het dagelijkse werk gegaan. Er was in ieder geval niets te merken van enige voorbereiding voor de grote order. Als ik al niet zenuwachtig was, dan was ik het inmiddels wel geworden. Het werd tijd voor actie. Ons experiment had gefaald en schijnbaar moesten we als managers toch meer het initiatief nemen en de boel klassiek aansturen.

Op weg naar de productiehal om onze opdracht weer 'terug te nemen', vielen wij stijl achterover. Beide heren stonden op een stellage en waren een muur aan het doorbreken. Enig idee hoe dat eruit ziet? Twee mannen, grote moker in de hand en een gapend gat in de muur. Je moet je voorstellen dat onze productie uit drie aaneengeschakelde hallen bestaat. Michael en Raymond sloegen triomfantelijk een gat tussen hal 1 en 2. Hersteld van de schrik, het pand is namelijk ook ons eigendom, kwam de vraag wat ze in hemelsnaam aan het doen waren.

'Ja maar, we mochten toch ICC regelen?'
'Eh ja?' 'En we mochten toch alles doen wat ervoor nodig was?'
'Eh ja?' 'Nou dat zijn we nu aan het doen.'
Wat bleek, Michael en Raymond hadden in de dagen ervoor, zonder dat wij iets hadden gemerkt, een volledig plan opgesteld. Ze hadden het helemaal voor elkaar. Ze hadden een feilloos systeem bedacht, mensen toegekend aan de verschillende processtappen, kwaliteitscontroles ingebouwd, in kaart gebracht welke gereedschappen moesten worden aangeschaft, enz.
Dit was een order om nooit te vergeten. Zelden heb ik management zo weinig tijd zien besteden aan een order. Heb ik zoveel lol en plezier gezien bij de betrokken productiemensen. Zelden heb ik zoveel effectiviteit gezien. Hard werken, zonder gemopper. Fouten werden snel hersteld. Extra werk werd door de teamleden zelf opgepakt in zelfingevoerde tweeploegensystemen. Kwaliteit werd bewaakt en de klant werd goed op de hoogte gehouden.
Het afbreken van de muur om een optimale routing te creëren in onze productiehallen was de start geweest van een fantastisch voorbeeld van samensturing. Ze hadden letterlijk de oude patronen doorbroken.

Tussendoor trapte ik nog in een valkuil. Na een maand kwam de klant bij ons op locatie om het werk te bekijken. Na de ontvangst wilde ik ze trots ons proces laten zien. Ik had alle tijd ingeruimd om de klant rond te leiden en bij te praten. Productie kon dan lekker door. Terwijl ik de productiehal binnenliep met een viertal man van de klant, keken een aantal mannen van de productie op. Het was op dat moment dat mij ineens iets cruciaals te binnen schoot. Dit klantbezoek was voor Michael en Raymond en hun team. Het was niet mijn show.
Ik heb de klanten snel overgedragen aan Michael en Raymond en ben ander werk gaan doen. De klant kwam na een uur nog bij mij langs, op weg naar de auto, klaar voor vertrek, met de mededeling dat ze nog nooit zulke bevlogen mensen aan een project hadden zien werken. Ze hadden het volste vertrouwen in wat ze hadden gezien.
Het project was op tijd gereed en de klant was uitermate tevreden. Het mooiste van alles: Michael, Raymond en het team waren zo trots als een pauw. Dit alles niet vanwege een promotie, een groot geldbedrag of iets anders. Nee, vanwege het simpele feit dat het hun order was geweest. Zij hadden hun eigen werk mogen bepalen in alle vrijheid. Meer was er niet nodig geweest.

Laat de medewerkers weer zelf aan het roer staan. Het team voorop. Geen hiërarchie. Wel samensturing. Dit levert meer betrokkenheid op, met waarschijnlijk een beter draagbare en uitvoerbare oplossing. Laat los en het goud zal voor het oprapen liggen.

Het kan eenvoudig:

1 Spreek uit dat het team zelf verantwoordelijk is voor de inhoud.
2 Doe een stap opzij.
3 Laat medewerkers zelf bepalen over het hoe, wat en met wie.
4 Bemoei je niet met de inhoud.
5 Geef minder oplossingen, stel vragen.
6 Bied hulp aan waar nodig.
7 Als het toch fout gaat, tel tot 10 en laat het team zelf de fout herstellen.
8 Geef de credits voor het werk aan het team.

14

Plezier hier

Zonder plezier geen optimaal resultaat.
Net zoals geldt voor andere thema's in dit boek is dit er wederom een waar je veel durf voor nodig hebt. Je zal je gevoel moeten volgen. Sommigen noemen het naïef, ik noem het reëel.
'Winst dient geen hoofddoel te zijn', kopte laatst een landelijk krant boven een interview betreffende een toespraak op het World Economic Forum in Davos. Een mooie uitspraak, ik ga alleen nog verder. Winst zou helemaal geen doel moeten zijn. Winst is slechts een gevolg.

ZONDER PLEZIER GEEN OPTIMAAL RESULTAAT

Iets wat je leuk vindt, gaat vaak beter. Iets waar je een hekel aan hebt, train je weinig. Iets waar je weinig lol aan beleeft, doe je als laatste. Met veel aansporingen en veel mitsen en maren. Je wordt hier dan niet beter in. Dit gaat waarschijnlijk voor iedereen op. Waarom spontaan iets doen wat je niet leuk vindt? Indien het dan toch moet, zal het niet van harte gaan. Zal het resultaat dan optimaal zijn? Hoogstwaarschijnlijk niet.
Waarom hebben veel bedrijven dan maar één ding voor ogen en dat is het resultaat? Met resultaat bedoel ik de winst onder aan de streep of het financieel rendement. Vrij vertaald, zoveel mogelijk geld verdienen. Vaak nog verhuld in termen van 'bijdrage leveren aan het bedrijf, de medewerkers en/of maatschappij'. Of 'maximale waarde creëren voor de shareholders'. Ook zo'n mooie, holle kreet. Lees: zoveel mogelijk winst. Kijk maar naar vele missies van bedrijven. 1. Zoveel mogelijk waarde creëren. Op de 2^{e}, 3^{e} of 4^{e} plek staat vaak pas iets over de klanten die door tevreden medewerkers met onderscheidende diensten of producten worden geholpen. Vaak is zo'n missie met de winst voorop zo generiek dat je het bijna op elk willekeurig bedrijf kan toepassen. Ik word er niet warm of koud van.

Ik zou het willen omdraaien. Voorop staat het plezier van de medewerkers om de klanten te willen bedienen. En als dat goed gaat, komt het resultaat (vanzelf) en daarmee de winst. Dit laatste is een afgeleide, een graadmeter van het plezier van de medewerkers. Medewerkers krijgen plezier als ze gemotiveerd zijn. Als ze gemotiveerd zijn, worden klanten goed geholpen. Worden betere oplossingen bedacht. Als ze passie voor hun werk hebben en trots zijn op wat ze doen, worden er prestaties geleverd waar de klant blij van wordt. De klant wil graag producten en diensten afnemen. De processen worden efficiënter en de klant is bereid ervoor te betalen. De winst volgt dan als het ware vanzelf. Winst moet een resultaat zijn van een goede performance en niet een doel.
Zonder wetenschappelijk bewijs durf ik de stelling aan dat op deze wijze de kans groot is dat het resultaat groter is en er in the end meer geld wordt verdiend. Hier moet je wel lef voor hebben, want het is in eerste instantie afwachten of dat resultaat daadwerkelijk komt. Dit betekent een langeretermijnstrategie. Eerst investeren in plezier in het team.
Met tevreden medewerkers verlies je minder tijd, worden betere oplossingen bedacht, krijgen klanten positieve aandacht, is er minder kwaliteitsverlies, zijn er snellere acties of is er minder onderlinge strijd. Door het om te draaien en niet direct te focussen op het resultaat, komt er meer focus op plezier en inhoud. Het kan niet anders dan dat het resultaat dan grootser is.
Als ik het hier heb over plezier, heb ik het voor alle duidelijkheid niet over de dag doorkomen met moppen tappen, muziek luisteren, gezellig met collega's uitgebreid lunchen. Ik heb het niet over een ongelimiteerde vrijheid om te doen wat je goeddunkt op een dag. Nee, ik heb het over serieus je werk uitvoeren, maar wel met de juiste mensen op de juiste plek. Plezier in het werk, aangezien de medewerkers goed worden ondersteund en begeleid. De medewerkers worden vertrouwd. Medewerkers krijgen verantwoordelijkheid. Ze mogen zelf beslissingen nemen. Ze worden gestimuleerd om ideeën door te voeren. De medewerkers worden juist beloond. Ze mogen meedenken met het bedrijf. Werkplekken waar er respect is voor alle medewerkers, jong en oud, ervaren en onervaren. Waar fouten maken mag, als je er maar van leert. Een omgeving waar medewerkers verantwoordelijkheid krijgen en ook nemen. In deze setting zijn de medewerkers professioneel met hun product of dienst bezig en dat allemaal met maar één belang, een tevreden klant.
Als de klant tevreden is, zal hij terugkomen, jouw bedrijf aanbevelen en jouw dienstverlening op de juiste waarde schatten. Dit zorgt voor een langeretermijngedachte die tevens duurzaam is.

PLEZIER IS EEN LANGERE-TERMIJN-GEDACHTE

Kortom, deze manier van werken zou onder normale omstandigheden resultaat moeten opleveren. In ieder geval meer dan in de situatie waarin plezier en daarmee tevredenheid niet voorop staan. Deze langeretermijngedachte gaat voor mij gelijk op met plezier. Je kan deze twee niet loskoppelen van elkaar. Langere termijn betekent dat je met alles wat je doet of beslist niet bezig bent met quick wins of de impact van nu, maar kijkt naar wat het oplevert in de toekomst, over een langere periode. De langeretermijngedachte kan je op alle fronten toepassen. Zowel op de omgang met je klanten, als op je investeringen in het bedrijf of je omgang met je medewerkers. Met de langeretermijngedachte heb je het plezier in omgang en werk altijd in gedachten.
Met plezier en lange termijn voorop en resultaat slechts als gevolg bedoel ik niet dat er geen doel mag zijn. Sterker nog, een deel van het plezier is het hebben van een heel helder doel of streven. Dit is echter niet een financieel doel als bijvoorbeeld 'zoveel mogelijk winst'. Ik geef de voorkeur aan het woord 'droom' in plaats van 'doel'. Wie wil er nou niet (mee)werken aan een droom?

WAT VOERT BIJ JOU DE BOVENTOON? DE LANGERETERMIJNDROOM OF DE KORTETERMIJNWINST?

Waarschijnlijk is er ook een koppeling tussen plezier, het hebben van een droom en de langere termijn. Als je een droom hebt, ben je meer gefocust op hoe en wat dan op de winst. Als je een droom hebt, ben je meer bezig om te zorgen dat deze verwezenlijkt wordt en daarmee kijk je meer vooruit dan enkel naar de quick wins.

Een gewetensvraag waar velen van ons toch frequent voor staan, is: kies ik voor de kortetermijnwinst of de langetermijndroom? Stel, er gaat iets net niet helemaal goed. Je kan kiezen. Of het kost je wat geld om het op te lossen en de klant is meer dan tevreden, of je laat het zo en de klant heeft het ermee te doen. Hij kan immers toch geen aanspraak op iets maken. Dikwijls verliest men het plezier en tevredenheid uit het oog en gaat men voor de snelle winst. Met alle gevolgen van dien. Het lijkt soms positief. Je houdt immers de euro's in je zak. Klopt, maar of dit daadwerkelijk op langere termijn de beste strategie is, durf ik te betwijfelen. Je houdt immers een minder of weinig tevreden klant over. Je reputatie is niet meer 100%. Andersom geredeneerd, het opbouwen en in stand houden van je reputatie kost ook geld. Hoeveel geld, tijd en energie gaat er zitten in de negatieve discussie met de klant? Hoeveel geld gaat er weer naar marketing om je naam te zuiveren? Hoeveel geld gaat er weer naar het vinden van nieuwe klanten, omdat de bestaande afstand van je nemen?

Je kan het ook omdraaien. Als je bij zo'n voorval denkt aan plezier voorop, met een langeretermijngedachte, en je lost het probleem naar behoren op, ook al kost het je geld, dan zal je zien dat je klant naar alle waarschijnlijkheid op langere termijn bij je blijft. Misschien is hij zo positief verrast dat hij eventueel nog wel wat in de kosten wil delen. Grote kans dat een volgende order of opdracht in ieder geval weer jouw kant op komt. Grote kans dat hij jouw bedrijf bij derden aanbeveelt. Kortom, je commerciële kosten en marketingbudget kunnen drastisch omlaag.

Een mooi voorbeeld van de keuze voor plezier versus korte termijn is het aannemen en ontslaan van de medewerkers. Ik ken talloze bedrijven die op de golven van de economie of hun eigen omzet spelen met hun personeelsbestand. Zo las ik laatst in een landelijk dagblad een wervingscampagne van een nationale speler die drie jaar daarvoor, tijdens de bouwcrisis, nog een groot deel van zijn medewerkers had ontslagen, met alle kosten en negatieve energie van dien. En die nu, drie jaar later, weer op zoek was naar een heel leger aan mensen, en daar zelfs 1.000 euro per lead voor aanbood.

Met de kortetermijngedachte op nummer één, of met het heilige doel om winst te maken, zet men in mindere tijden heel makkelijk mensen op straat, om als het druk wordt mensen (vaak andere) weer aan te nemen. Dit gaat vaak met uitzendcontracten, nulurencontracten of contracten van slechts enkele maanden. Wat zijn we dan lekker flexibel. Wat scheelt dat toch in kosten aan salarissen, op het moment dat het even minder gaat. Wat men echter vergeet, is dat door deze kortetermijngedachte er niets wordt opgebouwd. De medewerkers zijn niet voor langere termijn verbonden aan het bedrijf. Levert dit plezier op bij de medewerkers en daarmee de klanten? Nee, is resoluut mijn antwoord. Deze medewerkers zullen zich nooit vol overgave inzetten voor het bedrijf. Waarom zouden ze? In de wetenschap dat ze toch zo weer op straat kunnen worden gezet? Waarom zouden ze zich extra inspannen, met nieuwe ideeën komen, of extra tijd investeren, als het bedrijf ze geen toekomst biedt? Zelfs voor de medewerkers die wel de golven doorstaan en langer bij het bedrijf zitten, is het steeds een signaal, als hun collega's komen en gaan. Ook zij zullen niet veel investeren in teamwork of nieuwe ideeën, in de wetenschap dat de collega van vandaag er morgen misschien niet meer is.[2]

2 Ik heb het hier overigens niet over een (kleine) flexibele schil voor de hand- en spandiensten die soms vaste pieken en dalen kennen binnen een bedrijf.

Als je het ook nog eens financieel bekijkt, dan zal je nog schrikken van wat het onder aan de streep kost om mensen aan te nemen en weer uit de organisatie te zetten. Uiteraard, iemand die niet meer op de payroll staat, levert een salarisbetaling minder op. Maar wat te denken van de kosten om mensen uit je organisatie te krijgen. De kosten die je vervolgens moet maken voor recruiting, om mensen weer aan je te binden. De kosten om iemand in te werken. Iemand die vertrekt is de laatste weken of zelfs maanden minder productief. Andersom, iemand die nieuw aan boord komt, heeft soms wel maanden nodig om productief te zijn, gelet op het inwerken, kennismaken, enz. En dan heb ik het nog niet over de fouten die er extra worden gemaakt, doordat mensen die weten dat ze weer weg moeten minder gemotiveerd zijn. Of over nieuwe medewerkers die fouten maken, omdat ze nog niet zijn ingewerkt.
Stel nou eens dat je het durft om te draaien. Doe eens gek en durf eens met me mee te denken. Zou het volgende mogelijk zijn? Je biedt de mensen een vaste plek voor zowel slechte als goede tijden. Je geeft ze vertrouwen. Je zet ze niet bij de minste of geringste terugval er weer uit. Wat zal er dan gebeuren? Ja, op korte termijn heb je soms een probleem met te veel mensen voor het werk van dat moment. Voor de langere termijn bouw je wel iets op. Het team groeit, leert, verbetert, wordt sterker en komt met ideeën. Plezier gaat de boventoon voeren. Het gevolg: het team, en daarmee het bedrijf, wordt zo sterk dat klanten het gaan merken. Als klanten het gaan merken, willen ze bij de winnaars horen. In tijden van economische achteruitgang wordt het onderscheid tussen deze winnaars en bedrijven met de kortetermijngedachte extreem zichtbaar. En waar zal de dip het kleinst zijn, in geval van economische neergang? Bingo. Bij de bedrijven die hun medewerkers aan zich hebben gebonden. Grote kans zelfs dat deze bedrijven geen dip kennen en zelfs extra doorgroeien, omdat ze zich zo goed kunnen onderscheiden in slechtere tijden. Het zou zomaar eens kunnen.

KANS OP DIP KLEINER MET EEN VAST TEAM

Plezier en lange termijn gaan wat mij betreft hand in hand. Als deze twee elementen sterk in je cultuur zitten verweven, is de kans op een goed resultaat groter. De winst is een gevolg geworden van veel belangrijkere doelen.

Het kan eenvoudig:

1 Maak een langeretermijndroom.
2 Zorg dat winst niet het doel wordt.
3 Geef het team vertrouwen.
4 Geef het team verantwoordelijkheid.
5 Kies bij elke beslissing of actie voor de langere termijn en niet voor de snelle winst.

15

Eenvoudige eenvoud

De kunst van effectiviteit is het duidelijk afbakenen waar wel energie naartoe gaat en, nog belangrijker, waar de energie niet naartoe gaat. Het afbakenen van 'wat wel en wat niet' is sterk bepalend voor het resultaat.

Focus zorgt ervoor dat er gericht energie aan iets kan worden besteed. Je kunt nou eenmaal niet alles tegelijk doen, niet van elk onderwerp alles weten, of bijvoorbeeld alle markten kennen. Je kan niet in alles (even) goed zijn of overal verstand van hebben. Een marathonloper gaat ook niet boksen. Een tophockeyer zit niet ook nog eens op waterpolo.

Durf te kiezen.

Toch zie ik dagelijks om mij heen dat het credo 'less is more' wordt genegeerd. Managers vliegen alle kanten op. De markt in Nederland is nog niet ontgonnen of het buitenland moet worden veroverd met een vestiging over de grenzen. Het laatste product is nog maar net gelanceerd of het volgende staat alweer in de steigers. De ene verandering is amper doorgevoerd of de volgende staat alweer aan de voordeur. Het is dan ook leuk om meerdere dingen tegelijk aan te pakken. Het lijkt ook vaak logisch. Waarom gokken op één paard? De wereld ligt aan je voeten, kom maar op.

Zo zie je dat in goede tijden van bijvoorbeeld economische groei of ongelimiteerde geldstromen, bedrijven diverse producten aanbieden. Banken stappen ook in verzekeringen of keukenboeren gaan tevens badkamers verkopen. Aannemers die niet alleen bouwen, maar ook gaan ontwikkelen. Gaat het echter met de economie in het algemeen of het bedrijf in het bijzonder even minder, dan keert het rap terug naar de kernactiviteiten. Dit is een op en neer golvende beweging.

Wat een tijd- en geldverspilling.
Als ik dit onder de loep neem, constateer ik zeker twee dingen. Ten eerste wordt er onnodig veel geld verbrand. Bij het opbouwen van een extra activiteit dient er te worden geïnvesteerd in marketing, mensen of middelen, die daarna weer met alle benodigde kosten moeten worden afgebouwd. Afvloeiingsregelingen van overtollig personeel, het sluiten van vestigingen met lopende huurcontracten of het afboeken van voorraden. Het geld glipt tussen de vingers weg.
Ten tweede, en dit is stiekem ook een dure, wordt er veel energie in iets gestoken wat later weer wordt afgebouwd. Deze energie is niet besteed aan het verder uitbouwen en verbeteren van de kernactiviteit.
Ik wil niet beweren dat je niet moet groeien, nieuwe dingen moet aanpakken of doorgaan met veranderingen doorvoeren, maar wel dat je beter één ding goed kan doen dan drie dingen half. Volgens mij zijn wij daar zelfs allemaal wel mee opgevoed.

WELKE OP HET EERSTE GEZICHT ZINVOLLE DINGEN DOET JOUW TEAM, DIE EIGENLIJK TOCH AFLEIDEN VAN JULLIE DROOM?

Focus zorgt ervoor dat je gericht te werk gaat. Je kunt je concentreren op één ding, één markt, één product(groep). Je kunt gericht je energie inzetten. Dit betekent dat je een voorsprong kan opbouwen op je concurrenten, die meer van alles doen. Je bouwt een voorsprong op, omdat jouw product net beter is, jij de klant net iets beter kent of beter weet wat de markt wil. Uiteindelijk is het dit onderscheidend vermogen dat zorgt dat je blijft bestaan, of nog mooier, dat je groeit en bloeit.
Uiteraard kan je je verbreden als bedrijf. Ik zou dan echter adviseren om er twee of meer aparte bedrijven of onderdelen van te maken. Elk onderdeel met zijn eigen mensen, organisatie en winst- en verliesrekening. Elk onderdeel heeft zijn eigen markt en product of dienst, en moet ook zelf zijn broek op kunnen houden. Dan behoud je binnen elk onderdeel de focus om iets goed te kunnen doen. In het algemeen ben ik van mening dat je je bedrijf in kleine, slagvaardige units moet organiseren. Tot een grootte van zo'n vijftig man blijf je slagvaardig. Werknemers kennen elkaar dan nog en ieder heeft nog vrij direct contact met de klant en invloed op het resultaat. Dit voelen de werknemers zelf en daarmee blijft de organisatie effectief. Wordt het groter, dan neemt deze slagkracht af. Kunst is dan ook om een grote organisatie in de praktijk terug te brengen naar een optelsom van kleinere, slagvaar-

dige units. Waarbij de medewerkers beseffen dat ze onderdeel zijn van een groter geheel, en voor de dagelijkse praktijk actief zijn met hun slagvaardige unit.
Alles begint met keuzes durven maken. Dit vergt lef en moed. Wat ga je wél en vooral: wat ga je niet doen. Met name de keuze maken voor wat je niet gaat doen, vergt veel lef. Je snijdt toch een mogelijkheid af. Je gaat je toch beperken en dat voelt als iets beangstigends. Zeker als je in een bestaande situatie focus moet gaan aanbrengen. Dit betekent dat je in je bestaande omgeving 'nee' moet gaan zeggen tegen een groep klanten of een markt. Klanten die vaak al lang tot je klantenkring behoren. Of een aantal producten of diensten een halt moet gaan toeroepen, terwijl je die al jaren in het assortiment had.

HEB HET LEF OM 'NEE' TE ZEGGEN

Hier een voorbeeld van een keuze die ik zelf heb moeten maken binnen mijn bedrijf.

Wij leverden producten van metalen plaatmaterialen. Wij waren niet alleen toeleverancier voor de bouw, maar ook voor bussen, transportmiddelen of medicijnkasten.
Onze nieuw gekozen droom, en daarmee de focus, was om van toeleverancier naar een projectenorganisatie te transformeren. Dit om weg te komen uit de prijzenoorlog als toeleverancier en meer toegevoegde waarde te mogen gaan leveren als projectenorganisatie. Al snel hadden wij bedacht dat we een grotere kans van slagen zouden hebben als we daarbij zouden kiezen voor één markt. Simpelweg vanwege het geloof dat als je serieuze projecten wilt doen en mee wilt denken en praten met de klant, je niet verstand kan hebben van én medicijnkasten én transportmiddelen én bussen én meubels en ook nog eens van gebouwen. Aangezien we grofweg de helft van onze omzet uit de bouw haalden, kozen wij voor deze markt. Dit was op zichzelf niet zo moeilijk. Het gegeven dat we per direct de andere helft van de omzet de nek omdraaiden, was heftig. Dit was immers wel een wezenlijk deel van de bestaande omzet. Dit zorgde wel voor een wezenlijk deel van de dekking van onze kosten en daarmee resultaat. Toch was ons geloof in de focus zo sterk dat er geen andere keuze was dan deze. Wat volgde, was enige tijd van onrust en angst. Onrust bij onze klanten, waar we afscheid van namen, onrust bij onze eigen medewerkers over de toekomst, angst over het resultaat met

de mindere omzet. Toch, zeker achteraf gezien, was dit van korte duur. Door onze nieuwe richting met de scherpe focus ging er veel gerichte energie in datgene zitten waar we goed in wilden zijn. We hoefden niet meer te schakelen tussen vele markten. We hoefden niet meer van alles een beetje te weten. Of de marketingkosten bijvoorbeeld te verdelen over de diverse markten. Nee, we konden ons richten op één markt, één klantengroep, één productgroep. Het gevolg: al snel hadden we de afgesneden omzet terug, maar nu uit de door ons gekozen bouw. Nog mooier, we bleven groeien en onze transformatie van toeleverancier naar projectorganisatie ging sneller dan gedacht. In de jaren die volgden, is de omzet autonoom gegroeid met meer dan 15% per jaar, om uiteindelijk te vervijfvoudigen. Met het eind nog niet in zicht. Ongeveer 98% van de omzet is gebaseerd op projecten, waarbij alles van a tot z voor de klant wordt uitgevoerd. Echter, nu meer op basis van kennis en kunde en minder op prijs.

Om mijn verhaal met betrekking tot focus nog wat te verduidelijken, zal ik nog een andere keuze toelichten die we moesten maken tijdens de hiervoor genoemde transformatie.

Dat we de bouw ingingen, was voor ons team duidelijk. De vraag was: met welke klanten? We hadden de bekende grote landelijke aannemers als klant, maar ook de lokale pappa-en-mammabedrijven en alles ertussen. Al snel kwam ik erachter dat zeker die pappa-en-mammabedrijven relatief veel tijd en energie van ons vroegen, voor een relatief kleine omzet. De bekende 80-20-regel. 80% van de tijd ging naar 20% van de omzet. Ik heb eens becijferd dat in ons geval zelfs zo'n 90% van de tijd naar 10% van de omzet ging.
Terug naar de pappa-en-mammabedrijven. We deden inmiddels projecten van honderdduizenden euro's voor de grote aannemers, maar het waren deze kleine, vaak eenmanstimmerbedrijven of -aannemers die ons druk bezighielden. Ze kwamen vaak spontaan binnenlopen, aangezien ze dat al jaren gewend waren, om vervolgens gerust een uur met een van onze medewerkers te overleggen over vier hoeklijnen die op maat moesten worden gemaakt voor een dakkapel. Uiteraard werden ze met alle egards geholpen, zo klantvriendelijk als we waren, maar het was toch schakelen als je bijvoorbeeld net bezig was met de voorbereiding van een groot project. Nadat de bestelling goed was besproken, werd de order doorgevoerd richting productie. Het kwam vaak voor dat de aannemer

tussendoor eens poolshoogte kwam nemen, om te kijken hoe het met zijn order ging, en evenzo vaak dat de order nog even werd gewijzigd, want hij had toch nog eens gemeten en een fout ontdekt. Uiteindelijk was de order gereed en konden we 75 euro factureren. Alles bij elkaar optellend was het intakegesprek van een uur al bijna de 75 euro waard. En vergeet niet de productie zelf, de tussentijdse gesprekken, het maken van de factuur, enz. Belangrijk is het juist besteden van je tijd en energie. Al die tijd dat je bezig was met die ene bestelling, kon je je niet richten op het werk dat meer zou opleveren. Na enkele interne discussies hebben wij de knoop doorgehakt en afscheid genomen van deze klantengroep. Focus zou komen te liggen op de projecten bij de grotere aannemers.

Focus. Goed weten wat wel, wat niet. Begrijp me niet verkeerd. Ik gebruik nooit termen als 'beter' of 'slechter'. Of dat de een beter is dan de ander. Wat ik wel doe, is onderscheid maken tussen wat goed bij jou en jouw organisatie past en wat niet. Het was onze keuze om een projectenorganisatie te willen zijn. Daar passen geen 75-euro-orders bij van een lokale aannemer. Deze passen beter bij de metaalwinkel om de hoek. Die is juist ingericht op het snel afhandelen van relatief kleine orders.

Ooit beschreef iemand het mij met de metafoor van een buffet vol met eten. Een buffet met alle smaken en gerechten; vis, vlees, vegetarisch, snacks, sushi, Indonesisch, Frans en Chinees. Te veel om op te noemen. Als je niet goed van tevoren nadenkt over wat je wil, is de kans groot dat je bij het lopen langs het buffet bij elk gerecht toch denkt: waarom niet. Voordat je het weet ligt je bord vol met een onbeduidende mix van alles en nog wat. Want 'nee' zeggen tegen elk gerecht is zo lastig. De garnalen gaan door de kip, de sushi onder de hamburger en de spaghetti zit half door de frites. Klinkt dit aantrekkelijk? Terwijl als je van tevoren goed bedenkt waar je echt zin in hebt, de keuze makkelijk is. Je eindigt met een heerlijk maal waar je echt voor gekozen hebt.

Terug naar onze focus. Onze keuze voor de grotere aannemers en daarmee het afscheid nemen van de lokale timmerman om de hoek viel zwaar. Alle argumenten heb ik gehoord. 'Zelfs 75 euro is toch omzet?' 'Straks wordt die kleine aannemer groot.' 'Wat als ...?' Op zich allemaal legitieme vragen of angsten. Echter, als je hier geen keuze in durft te maken, weet je wat je hebt en zal je niet krijgen wat je graag wil. Je blijft op het niveau van de 75-euro-orders. En ja, een kleine aannemer kan ooit groot worden.

Hoe groot is die kans? Hoelang gaat dat duren? Hoe groot is de kans dat hij dan nog aan jouw bedrijf trouw is? Al die tijd heb je minder energie kunnen besteden aan klanten die wel bij jouw doel passen, die wel al grote projecten hebben.
In ons geval kwam er na deze moeilijke keuze meer dan 80% van de tijd vrij om te besteden aan de klanten waar we de toekomst mee in wilden. Niet zonder succes.

Een waarschuwing tussendoor. Let wel op dat je netjes de keuze maakt en het goed uitlegt, zowel intern als extern. Praat nooit in termen van goed of slecht of A- of B-klanten. Klanten zijn altijd goede klanten. De ene klant past alleen beter bij jouw bedrijf dan de andere.
Een ander geweldig inspirerend voorbeeld van focus hoorde ik onlangs van een dorpsgenoot die al zeventien jaar zelfstandig in de mode zit.

Met een groothandel importeert mijn dorpsgenoot kleding van diverse merken en verkoopt die via verschillende kanalen aan de tussenhandel. Op mijn vraag hoe het hem verging als ondernemer, antwoordde hij dat het gelukkig weer goed ging. Ik vroeg hem wat hij bedoelde. Zijn antwoord past volledig in dit verhaal van focus.
Hij vertelde dat het zes maanden geleden begon met de sterke gedachte om te willen stoppen met zijn onderneming. Dat na zeventien jaar. De lol was hem helemaal vergaan. Met grofweg de helft van zijn klanten was er altijd gezeur. Ze betaalden te laat. Hadden altijd iets te klagen. Kwamen hun afspraken niet na of beloofden zaken die ze niet waarmaakten. Mijn dorpsgenoot had dit zeventien jaar geaccepteerd en als normaal beschouwd. Het betrof immers de helft van zijn klanten. De helft van zijn omzet kwam uit die hoek. Ja, ze waren vervelend, maar dat hoorde er misschien ook wel bij. Het kan toch ook niet altijd rozengeur en maneschijn zijn. Zeker omdat het zo'n groot deel van zijn werk en daarmee zijn omzet betrof, was er geen haar op zijn hoofd die eraan dacht om er iets aan te doen. Gewoon tanden op elkaar en doorzetten.
Tot dat moment van zes maanden geleden. Enkele van die vervelende klanten gingen failliet of kwamen weer eens de betalingsafspraken niet na. Hij was er klaar mee. Waarom al dat harde werken en toch die ellende. Stoppen was het enige waar hij aan dacht. Of was er een alternatief?
Na vele nachten wakker liggen, besloot hij toch nog een keer er vol voor te gaan. Zomaar de zaak opgeven na zeventien jaar was te veel van het

goede. Hij had zich wel één ding voorgenomen. Hij zou zonder blikken of blozen overnight stoppen met die vervelende helft van zijn klanten. Dan maar de helft van de omzet en de helft van de klanten. In ieder geval geen vervelende situaties meer. De vervelende klanten mochten nog bestellen, mits ze vooraf betaalden en er zodoende geen moeilijke afspraken nodig waren, waar ze zich vervolgens niet aan gingen houden.
Terwijl hij mij dit vertelde, kwam er een grote glimlach op zijn gezicht. Wat denk je? Zes maanden later en zijn omzet was meer dan verdubbeld bij de goede klanten. De goede klanten hadden de omzethalvering ruimschoots goedgemaakt. Hij had gemerkt dat er weer positieve energie kwam bij hemzelf en in zijn bedrijf. Niet meer achter negatieve klanten aan rennen die slecht of niet betaalden. Positieve energie richting de goede klanten. Van het een kwam het ander en de groei kwam snel op gang. Deze stap had hij al veel eerder moeten nemen.

Ongetwijfeld kennen we dit allemaal wel. Angst om een deur dicht te houden of dicht te doen. Angst voor het onbekende. Angst om te kiezen en daarmee iets af te sluiten.
Durf te kiezen, durf uit te spreken waar je goed in bent of wil zijn en waarin niet. Durf eens 'nee' te zeggen tegen een offerte die je liever niet wil maken. Durf daarmee 'ja' te zeggen tegen de offerte waar je al je energie in wil steken, omdat je erin gelooft. 'Ja' zeggen tegen die offerte waar je 's nachts wakker voor gemaakt wil worden.
Met elke keuze komt er focus, gebeuren er dingen, gaan nieuwe deuren open en komt er positieve energie.

Het kan eenvoudig:

1 Bedenk waar je met je team goed in bent.
2 Bedenk waar je met je team energie van krijgt.
3 Spreek goed uit wat dan de focus wordt.
4 Durf te kiezen.
5 Spreek ook uit waar je je NIET op wilt richten.
6 Durf dagelijks 'nee' te zeggen tegen alle verleidingen die niet passen bij jouw gekozen focus.

16

Sterke softheid

Wat is het toch dat wij ons altijd sterk moeten voordoen?
Een leider behoort sterk te zijn. Het tonen van emoties is een vorm van zwakte. De leider, toch het voorbeeld voor het gehele bedrijf, dient sterk en zelfverzekerd te zijn en een stevige en stoere uitstraling te hebben. Nee, geen tranen of blijk van twijfel. Dat zou maar voor verwarring en onrust zorgen. De leider is immers diegene waar men allemaal naar kijkt. Als de leider al tekenen van zwakte laat zien of niet eens zeker van zijn zaak is, wat mag je dan van zijn omgeving verwachten?
Toen ik nog in loondienst was, heb ik weleens het verwijt van mijn leidinggevende gehad dat ik mij te kwetsbaar opstelde. Of dat ik juist te opzwepend en opgewekt was op positieve momenten. Hoe bizar!
Een groep leiden of managen is voor de volle 100% een mensenbusiness. Wij mensen zijn geen robots. Iets wat ons onderscheidt, zijn juist onze emoties. Het feit dat wij emoties hebben en die ook kunnen uiten en inzetten in verschillende situaties, maakt ons uniek. Waarom zou een manager dan niet zijn emoties mogen tonen?
Sterker nog, ik ben er heilig van overtuigd dat dit juist zeer effectief is. De manager die laat zien dat hij ook van vlees en bloed is. Een mens met al zijn gevoelens zorgt voor een reëler beeld. Hierdoor krijgen zijn medewerkers niet het gevoel dat iets gespeeld is. Een manager kan zijn emoties, die hij ongetwijfeld in ruime mate bezit, juist inzetten om de dromen te bereiken. Als iets tegenvalt op het werk, wat is er dan mis mee om als manager je frustraties te tonen? Probeer eens voor de groep te staan en daadwerkelijk je emotie te tonen.

WANNEER HEB JIJ JE VOOR HET LAATST KWETSBAAR OPGESTELD EN JE EMOTIES AAN JE TEAM GETOOND?

Dit werkt overigens alleen goed als het niet gespeeld is en het je echte emoties zijn. Mensen prikken er zo doorheen als je het niet meent. Als het echt is, werkt het ook meteen aanstekelijk. Het besmet de anderen en helpt organisaties verder uit te bouwen. Het geeft vertrouwen en het geeft positieve impulsen. Hierdoor wordt de kans op goud groter.

Tijdens de verkiezingsstrijd tussen Donald Trump en Hillary Clinton in de Verenigde Staten in 2016 was er een typerend incident. Midden in de drukke tour om kiezers te bereiken, vertoonde Hillary een aantal keren raar gedrag. Zo viel ze een keer bijna flauw en kreeg ze op een podium een hoestaanval. In alle gevallen wuifde ze de ongemakken weg als ware er niets aan de hand. Als toekomstige leider kan je natuurlijk geen zwakte tonen. Kiezers mogen niet gaan twijfelen aan jouw kracht. Wat gebeurde er echter? Haar ontkrachting werkte averechts en de media en het publiek gingen hiermee aan de haal. Het verhaal werd tot grote proporties opgeblazen. Door alle commotie besloot Hillary toch te bekennen dat ze gewoon een mens was als ieder ander. Ze moest toegeven dat ze een longontsteking had. Ja, ook presidenten of toekomstige presidenten kunnen en mogen weleens ziek zijn.
Ze had meer empathie opgeroepen als ze er niet omheen had gedraaid en meteen haar ziek-zijn had erkend. Door geen openheid van zaken te geven, kwam haar geloofwaardigheid ook nog volledig in het gedrang. En een leider zonder geloofwaardigheid is funest.

Neem als voorbeeld dat een manager een nieuwe stap in de bedrijfsvoering angstig vindt, wat is er dan mis om deze angst te delen met de groep? Grote kans dat de groep de emoties zal herkennen en vooral erkennen. Op het moment dat dit gebeurt, zullen er beslist positieve krachten ontstaan die hem en de groep verder zullen helpen. Alleen al het feit dat de manager zijn emoties kan delen, zorgt ervoor dat hij zich niet alleen voelt, dat hij de emoties niet opkropt of dat de angst hem niet verkrampt in alles wat hij moet doen.

TRANEN, ANGST EN VREUGDE BRENGEN SUCCES

'Samen sta je sterk', is een bekende kreet. Dat geldt zeker voor dit soort situaties. Als groep heb je meerdere schouders om een last te dragen. Natuurlijk moet de manager het goede voorbeeld geven en voorop gaan in het najagen van de droom. Uiteraard moet hij niet in een hoekje gaan zitten en alles laten gebeuren. Maar het delen van emoties is iets anders. Op het moment dat hij zijn oprechte emoties deelt, is de kans groot dat er een of meer mensen in de groep opstaan en helpen om bijvoorbeeld onzekerheid te overwinnen. Wellicht hebben zij voor dat specifieke geval minder angst en weten ze snel met positieve oplossingen te komen om verder te gaan.
Het betreft uiteraard ook de positieve emoties. Ik zie al te vaak dat een manager weinig tot geen emoties toont op het moment dat iets wel lukt, het voor de wind gaat of dat er succes is behaald. Want o wee als we te uitbundig zijn. Een manager moet toch rust uitstralen en vooral niet te veel uit de bocht vliegen. Laat het los, zou ik zeggen. Spring eens een gat in de lucht. Laat de taart eens aanrukken. Toon eens dat jouw geluk niet op kan. Een groep wil succes graag vieren. Een groep wil trots zijn op wat er is bereikt of op zijn tijd een compliment krijgen. Ganzen doen niet anders met hun gegak.

Figuur 31 Laat de taart eens aanrukken

Uiteraard dient de leider in een aantal opzichten sterk te zijn. Karaktereigenschappen als doorzettingsvermogen, durf, vertrouwen of bijvoorbeeld consequent gedrag dienen sterk aanwezig te zijn. Echter, dit kan zeer goed in combinatie met het tonen van de kwetsbaarheid.

Men noemt dit emotionele intelligentie. Niet alleen het tonen of het inzetten van de juiste emoties in de juiste situatie is hier een onderdeel van, maar ook bijvoorbeeld het kunnen omgaan met kritiek. Een goede leider hoeft zich niet beter voor te doen dan hij is of een façade op te trekken. Hij durft zijn ware aard te tonen en kan goed tegen kritiek. Kritiek zorgt dat hij scherp blijft, dat hij verbetert of dat zijn omgeving verbetert.
Dikwijls lijken de charismatische leiders sterk en stoer en daarmee succesvol voor het bedrijf. Maar niet zelden is de keerzijde van deze houding dat narcisme om de hoek komt kijken. De leider heeft dan weinig oog meer voor zijn omgeving en is meer met zichzelf bezig is (in negatieve zin). Hij weet zijn omgeving niet met emotionele binding te inspireren.
Soms komen er rapporten uit waaruit blijkt dat vrouwen over het algemeen effectiever kunnen managen. Ik weet niet of dit waar is, maar als het zo is, zou dit dan kunnen zijn omdat zij volgens de stereotype gedachte meer met emoties werken?
Ga eens bij jezelf na. Ga je elke dag enthousiast naar je werk voor die leider die schijnbaar niets laat merken van zijn emoties? Die sterk oogt, kalm en met overwicht. Die stoïcijns dag in dag uit de groep leidt. Ik zou bijna zeggen, als een militair. Of krijg je nu al vleugels voor die gepassioneerde leider die een traan laat als het mis gaat en jubelt als er succes is. Die leider die vol overgave zijn nieuwe droom deelt en jou daar deelgenoot van maakt. Voorbeelden zijn Mandela, Martin Luther King met zijn droom of, dichter bij huis, Foppe de Haan, die met tranen in de ogen op tv zijn emoties blootgaf bij het slechte spel van Heereveen. De leider die voor de groep gaat staan en zijn passie deelt met wie hij dingen wil bereiken. Dingen deelt waar hij enthousiast van wordt, waar hij angstig voor is of waar hij juist trots op is. Met welke leider ga jij harder rennen? Met de militair of de passievolle leider?

Het kan eenvoudig:

1 Laat je werkelijke emoties zien.
2 Show niet alleen de negatieve maar ook de positieve emoties.
3 Gooi dat masker af van de stoere en sterke leider.
4 Wees wel oprecht en speel geen toneel.
5 Sta open voor kritiek.

17 Gouden klanten

Hoeveel van de bedrijven realiseren zich daadwerkelijk dat de klant hun levenslijn is? Dat de klant, populair gesteld, de boterham verzorgt van het bedrijf en daarmee van de medewerkers? Veel managers hebben hun mond vol van 'de klant voorop', maar zijn toch meer intern of, nog erger, met zichzelf bezig. Zelf was ik ook bijna in de valkuil getrapt. Ik realiseerde me bij het schrijven van dit boek dat tot nu toe de klant amper aan bod is gekomen.
De bekende uitspraak 'klant is koning' gaat helaas bij veel bedrijven niet op. Nog opvallender is dat diezelfde bedrijven het vaak zelf niet doorhebben hoe klantonvriendelijk ze zijn. Vaak denken ze zelfs zeer klantgericht te zijn.

Figuur 32 De klant is niet altijd koning

Je herkent misschien wel de verschijnselen. Je vraagt telefonisch naar meneer Jansen en krijgt te horen dat hij in een hele belangrijke interne meeting zit. Na aandringen wordt er beloofd dat je wordt teruggebeld. Je zit nu nog te wachten op het telefoontje. Je belt een bedrijf en krijgt een antwoordapparaat met een riedel aan keuzes. Of een boodschap dat er alleen tussen één en vijf uur iemand beschikbaar is of, nog erger, het verzoek om een e-mail met uw vraag te sturen. Je gaat op bezoek bij een bedrijf, de parkeerplaats voor het gebouw voor bezoekers is bezet door medewerkers van het bedrijf en de voordeur zit op slot. Eenmaal binnengekomen, stapt niemand op je af, want er wordt geluncht of men zit in een bespreking of zit met de rug naar je toe te staren naar de computer.

ALS JE KLANT ZOU ZIJN VAN JE EIGEN BEDRIJF, WELK CIJFER ZOU JE DE KLANTVRIENDELIJKHEID GEVEN?

Wat ik ook frequent meemaak en wat mij elke keer weer achterover doet slaan van verbazing, is het volgende. Je wilt iets inkopen, bestellen of bijvoorbeeld uitbesteden en je neemt contact op met een leverancier. Na de gebruikelijke groeten en de openingsvraag hoe het gaat, volgt dikwijls het antwoord van de leverancier: 'Het gaat lekker, maar er is altijd ruimte of tijd voor een nieuwe opdracht of levering.' 'Mooi,' is dan mijn reactie, 'want ik heb een leuke klus voor jullie.' De reactie is dan vaak opvallend en bizar. 'Sorry meneer, deze hoeveelheid kunnen wij niet aan.' Of: 'De door u gestelde levertijd is niet haalbaar.' Of: 'Wat u nu vraagt, kunnen wij niet leveren.' Hopelijk heb je dan begrip voor het feit dat ik bij dit soort antwoorden kort van stof ben en vrijwel direct het gesprek afkap. Het is graag of niet. Dan ga ik toch gewoon naar een ander?
Wat ik namelijk verwacht, is een enthousiaste reactie in de trant van 'Geweldig dat u aan ons denkt' of 'Mooi dat we u mogen helpen.' Gevolgd door enkele wedervragen, als er niet direct aan de vraag kan worden voldaan. Bijvoorbeeld: 'Meneer, deze hoeveelheid is voor ons nu niet mogelijk, maar de helft is wel mogelijk, is dit een optie voor u?' Of: 'Volgende week woensdag leveren, is dat in de ochtend of aan het eind van de dag, want het lukt ons wel om te leveren met die extra dag erbij.' Of: 'Het door u gevraagde model hebben wij helaas nu niet. Dit krijgen we wel weer volgende week. Is dat een optie?'

EEN WEDERVRAAG KAN ZOVEEL OPLEVEREN

Mijn ervaring is dat op het moment dat er wedervragen worden gesteld, jij je als klant positief behandeld voelt en niet zelden gezamenlijk op een oplossing uitkomt. Wat kan betekenen dat je met een alternatief genoegen neemt, en nog enthousiast bent ook. In het andere geval, waarbij jou zonder enige wedervraag of uitleg 'nee' wordt verkocht, is de kans zeer groot dat jij je nooit meer wendt tot die partij. Kortom, ze zijn jou als (potentiële) klant voor altijd kwijt.
Klant voorop komt ook tot uiting op een geheel ander niveau en dat is in het geval van klachten. Klachten zijn hinderlijk, toch? Vervelend, en het liefst hoor je ze niet. Vooral van die klanten die in jouw optiek zeuren. We willen allemaal het liefst alleen met positieve zaken bezig zijn. Volgens mij is er echter geen setting waarbij er geen klachten voorkomen. Waar mensen

werken, gaat er (helaas) weleens iets mis. En klanten ervaren helaas die fouten en vertalen dat dikwijls in een klacht.
Klacht is balen? Mis, een klacht is een kans.

EEN KLACHT IS EEN KANS

Ten eerste: door te luisteren naar de klacht van je klant, blijf je in contact en neem je de klant serieus. Dit alleen al kan soms voldoende zijn om te zorgen dat de klant bij je blijft. En niet zelden is daarmee het probleem ook meteen opgelost. De fout was dikwijls geen 'wereldramp'. De klant kon er vaak wel mee leven. Hij moest gewoon zijn verhaal kwijt.

EEN KLACHT KAN LEIDEN TOT EEN TEVREDEN KLANT

Ten tweede: door het probleem aan te horen en vervolgens ook op te lossen, is de klant niet alleen weer tevreden, maar vaker nog meer tevreden dan als het meteen foutloos was gegaan. Ja, je leest het goed. De klant met de opgeloste klacht is vaak meer tevreden dan de klant zonder klacht.

Ik durf te beweren dat op het moment dat je de klacht snel en adequaat vertaalt in een oplossing voor de klant, de klant enthousiast wordt. Hij zal denken of zeggen: het was vervelend, want het ging mis, maar ze hebben naar me geluisterd en het heel netjes opgelost. Grote kans dat deze tevreden klant deze positieve ervaring doorvertelt in zijn vriendenkring of op zijn werk. Een klacht is juist een kans om je te onderscheiden van de rest. Zie het als een scoringskans. Het kost alleen in het begin moeite om je over je eigen gevoel heen te zetten dat het negatieve energie kost om over problemen te moeten praten.
Ik hoor dikwijls dat met name grote concerns hun klachtenafhandeling hebben uitbesteed aan derden, zogenaamde callcenters. Hier begrijp ik dus niets van. Het zo cruciale contact met je klant is niet je corebusiness? Het is ondergeschikt en weggeschoven bij derden? In mijn optiek hoort het contact met de klant dicht bij je dagelijkse bedrijfsvoering te staan. Het is de levensader van jouw bedrijf, van jouw omzet of van jouw dienstverlening. Waarom zou je dat dan aan derden gaan uitbesteden? Bij callcenters proberen de medewerkers middels vastomlijnde scripts de vragen of klachten van de klanten te beantwoorden. Ik benadruk: proberen. Ongetwijfeld zijn het welwillende mensen, maar hun antwoord aan of communicatie met de klant is niet echt doorleefd. Kennen ze het bedrijf dat ze vertegenwoordigen en waarvoor ze de telefoon aannemen door en door? Hebben ze dezelfde passie, ambitie en mentaliteit als de vaste medewerkers van het bedrijf?

Het antwoord is wat mij betreft een duidelijk 'nee'. Ik merk het direct of ik als klant een callcenter aan de lijn heb of een medewerker van het bedrijf zelf. Er zijn gelukkig succesvolle bedrijven die erkennen dat het klantcontact cruciaal is. Zij houden dat dan ook volledig in eigen hand.

Zo heb ik eens Carglass bezocht. Ik werd trots rondgeleid door hun eigen klantcontactcenter. Het was figuurlijk en letterlijk het hart van het bedrijf. Carglass-medewerkers zaten in het midden van het gebouw bij elkaar om alle klanttelefoontjes te beantwoorden. Ze werden ter plekke getraind in goed klantcontact, in professionele dienstverlening, en de klanttevredenheid werd permanent gemeten. Elke Carglass-medewerker van het contactcenter had eerst zelf een cursus ruiten vervangen gedaan. Dit om zelf te ervaren wat het werk in het veld betekende. Of om te ervaren wat een kapotte voorruit betekende. Om met meer gevoel de telefoontjes van klanten te kunnen afhandelen.

Een ander voorbeeld is Coolblue, waar het klantcontact ook inhouse is georganiseerd.

De Coolblue-medewerkers zijn de beste krachten om de cultuur van hun eigen bedrijf over te brengen aan de Coolblue-klanten. Het is zo dat elke Coolblue-medewerker van de klantcontactafdeling elke dag tien handgeschreven kaartjes ter attentie of als bedankje schrijft aan tien willekeurige klanten van die dag. Hoe professioneel kan het zijn? Geweldig, toch?

Klant voorop. Het zou zo moeten zijn dat bij alles wat je doet eerst aan de klant wordt gedacht. Dat je in je hele proces of bedrijfsvoering bedenkt waar die klant van jou op zit te wachten. Waar de klant bereid is voor te betalen. Zaken als vergaderen of intern overleg horen onmiddellijk te worden verschoven of onderbroken als een klant je nodig heeft.
Een website, toch vaak het uithangbord van je bedrijf, verraadt soms al de opstelling jegens de klanten. Misschien herken je het wel. De eerste pagina's gaan over het bedrijf, tot en met de geschiedenis en de organigrammen aan toe. Pas als laatste staat er nog iets over de klanten. De tekst is geschreven vanuit de blik van de onderneming en niet vanuit de klant.
Een mooi voorbeeld van een praktijk waar de klant voorop staat, is het nieuwe ziekenhuis in Uden, Bernhoven. Dit komt uit een tv-documentaire van maandag 9 en 16 mei 2016 van Radar Extra.

Het Bernhoven ziekenhuis heeft de patiënt (klant) weer voorop gesteld. Waar het voorheen ging om efficiëntie, lees: resultaat, heeft men na de fusie in 2013 een nieuwe koers ingezet met dit ziekenhuis. Niet meer het resultaat voorop, maar de kwaliteit, lees: de patiënt (klant). Zo heeft men concreet een aantal zaken drastisch veranderd.
Voorheen werd de eerste hulp altijd bemand door een arts-assistent. Dit was zogenaamd een relatief goedkope kracht. Daarnaast konden de volwaardige artsen hun operaties en specialistische werk elders in het ziekenhuis blijven doen.
Als de arts-assistent back-up nodig had op de eerste hulp, wanneer hij niet goed wist wat te doen met een patiënt, moest de arts erbij worden geroepen. Dit betekende dat de arts van zijn werk moest worden gehaald en de patiënt moest wachten.
In Bernhoven hebben ze dit omgegooid door juist een team van artsen op de eerste hulp te zetten en niet meer een arts- assistent. Het gevolg: de patiënt die binnenkomt op de eerste hulp wordt sneller geholpen en krijgt sneller een diagnose, die bovendien beter is. Wat is nou de grap? Je zou denken dat dit duurder is voor het ziekenhuis. Immers, een duur betaalde arts kost meer dan een arts-assistent. Maar zo is het niet. Het blijkt niet alleen beter voor de patiënt, maar ook goedkoper voor het ziekenhuis. Met het team van artsen zijn er minder foute diagnoses, minder inefficiënte momenten omdat artsen alsnog van hun werk werden gehouden, minder röntgenfoto's omdat de arts-assistent twijfelde en voor de zekerheid nog een foto liet maken, enz. Bij het vooropstellen van de klant heeft niet alleen de kwaliteit baat, maar ook nog eens het ziekenhuis, lees: het resultaat.
Dit is dus een mooi voorbeeld van de klant (patiënt) centraal stellen, waarbij er niet alleen meer plezier en kwaliteit gekomen is, maar ook een beter (financieel) resultaat.

Draai het om en begin met de klant. Stap in zijn wereld. Lok hem met dromen en beleving en val hem niet lastig met interne zaken en problemen. Richt je aandacht naar buiten. Je zal zien dat dit energie geeft en het plezier en resultaat ten goede komt.

Het kan eenvoudig:

1 Zet de klant weer op nummer 1.
2 Zeg niet meteen 'nee', kom met wedervragen.
3 Breek interne meetings meteen af als een klant op je wacht.
4 Koester de bestaande klanten. Het is geen automatisme dat ze je trouw blijven.
5 Beschouw een klacht als een kans en los het adequaat op.

18

(T)Op gevoel

Het is een apart fenomeen dat naarmate we opgroeien en ouder worden, de ratio het steeds meer wint van ons gevoel. Bij kleine kinderen draait alles nog om gevoel. In het begin is het zeer primair. Eten, drinken, huilen en slapen. Naarmate we ouder worden, krijgen we steeds meer te maken met het verstand. Regels van wat wel en niet mag, volgen elkaar in rap tempo op. Het is de opvoeding thuis, aangevuld met de lessen op school. Je doet steeds minder op basis van jouw intuïtie of gevoel en steeds meer op basis van regels die voorschrijven wat goed en wat niet goed is.

Zo zegt bijvoorbeeld je gevoel dat je verliefd bent op dat bijzondere meisje uit je klas, maar zou het kunnen dat je ouders daar heel anders over denken? Hoor je ze het al denken? Ze past toch helemaal niet bij jou? Word je daar nou gelukkig mee? Of nog erger: ze komt niet uit ons milieu. We willen liever niet dat je met haar omgaat. Of je gevoel zegt dat je graag muzikant wil worden, want pianospelen is je lust en je leven. Je vader vindt het echter niets en komt met het argument dat er geen droog brood mee valt te verdienen en stuurt je toch naar die technische opleiding. En een laatste voorbeeld: tijdens je studie krijg je exact te horen hoe iets in theorie gaat en welke formules, wetten, regels of voorwaarden erbij horen.

Zo worden we allemaal in meer of mindere mate gedurende ons ouder worden in hokjes geduwd van wat wel of niet mag en kan. En het zijn met name anderen die zeggen wat goed of niet goed zou zijn.

TERUG NAAR DE SPONTANITEIT

Bij veel beslissingen, groot of klein, laten we ons gevoel overrompelen door die stemmetjes in ons hoofd die zeggen wat wel of niet goed zou zijn. Daarbovenop staan we ook vaak stil bij wat de buitenwereld er wel niet allemaal van zou vinden. Het resultaat is dat we een zeer berekende en veilige weg kiezen. De ratio wint het van het gevoel. Terwijl

er toch bijna altijd ook wel gevoel om de hoek komt kijken. In vele gevallen herkennen wij dit alleen niet meer. We hebben automatismen aangeleerd om het gevoel weg te drukken. Of we geven er gewoon geen of weinig aandacht aan. We voelen dat een beslissing niet helemaal juist is, maar ja, nu niet over zeuren. Het leven gaat door, we moeten iets doen. Dat gevoel gaat wel over. Herkent u dit?
Maar het gezegde 'je gevoel laat je (niet) in de steek' bestaat niet voor niets. Als ik terugkijk op belangrijke beslissingen in mijn leven, kom ik er steeds meer achter dat goede beslissingen die ik heb genomen, juist die beslissingen waren waarbij ik mijn gevoel liet spreken. Het waren soms moeilijke keuzes, maar ze pakten voor mij goed uit.
Moeilijke keuzes zijn er frequent. Je bent toch iets anders gaan studeren, wat je leuker vond, ondanks dat je weer opnieuw moest beginnen. Je hebt toch die baan opgezegd, ondanks dat je geen inkomen meer had. Je hebt toch die klant vaarwel gezegd, ondanks dat hij een deel van je omzet genereerde. Dit kan uiteraard zowel privé als zakelijk zijn. Soms gaan die zaken overigens hand in hand.

WELKE BESLISSING DURF JE NIET TE NEMEN OMDAT IETS JE TEGENHOUDT?

Het waren mogelijk de beslissingen op gevoel die zo doorslaggevend waren in je leven. Dit is, als je het mij vraagt, wat we vaker zouden moeten doen in het zakelijk leven (en uiteraard in het privéleven). Weer durven te beslissen op gevoel. Wees gerust, het zal nooit helemaal op gevoel gaan, want de ratio blijft altijd doorlopen op de achtergrond. Bij elke beslissing zal bewust of onbewust ook je verstand meedoen.
Een mooi voorbeeld vind ik altijd die ondernemers die weinig tot niet zijn opgeleid en het wel ver schoppen. Deze mensen worden niet belemmerd door een grote bagage aan kennis van opleidingen of studies. Door wat kan wel en wat niet. Door wat past in het model en wat niet. Door hoe zou het moeten in het ideale systeem. Allemaal bagage die, als er een moeilijke beslissing moet worden genomen, in de weg staat van het gevoel. Bij een grote investering kan je bijvoorbeeld eindeloos rekenen en er modellen op kapotslaan. Hoe vaak kloppen deze? Hoe vaak kan je nou exact de toekomst voorspellen?
Uiteraard moet je goed nadenken bij alles wat je doet. Echter, jouw intuïtie over hoe het zal gaan lopen, is niet zelden een goede graadmeter van wat er komen gaat. Een zelfgeschoolde ondernemer neemt vaak beslissingen op

basis van deze intuïtie. Hij kijkt om zich heen, weet wat er zich afspeelt, doet eens een rekensom op de achterkant van een bierviltje en neemt ten slotte zijn besluit op basis van zijn gevoel.

Beslissingen met gevoel hebben voor mij twee evidente voordelen. Dit heeft te maken met ten eerste de snelheid en ten tweede het gevoel zelf. Vaak kan je op basis van intuïtie of gevoel sneller een beslissing nemen dan als je eerst alles moet nagaan met je verstand. Ik zal nooit pleiten voor een te snelle beslissing. Echter, niet beslissen of treuzelen is dodelijk. Beter een snelle beslissing dan geen beslissing.

EEN SNELLE BESLISSING IS BETER DAN GEEN BESLISSING

De concurrentie zit niet stil. De wereld draait door en klanten willen nieuwe dingen. Hieraan moet je je als bedrijf constant aanpassen. Op het moment dat je dan niet frequent veranderingen doormaakt, blijf je achter. Die veranderingen zijn gebaseerd op beslissingen over wat te doen op een dag. Hier is soms 'gewoon doen' en 'ervoor gaan' essentieel. Dan heb je niet de tijd om alles helemaal door te redeneren, uit te zoeken of tot in detail door te rekenen. Je instinct, je intuïtie is dan van essentieel belang. Ik meen dat we die intuïtie allemaal sterker en meer hebben dan we denken. Alleen is deze vaak ver naar de achtergrond geduwd.

Denk aan de term 'boerenverstand'. Als een boer op het land iets meemaakt, moet hij snel op basis van intuïtie handelen. Vaak staat hij er alleen voor. Geen collega's, adviseurs of managers om hem heen. En vaak moet er iets gebeuren, anders kan het verkeerd aflopen. Stel, het graan is klaar om geoogst te worden. Gepland is om dat de volgende dag te doen. Ineens ziet de boer aan het eind van de middag een grote, grijze wolkenmassa op hem afkomen. Wat denk je dat hij doet? Gaat hij eerst uitgebreid thuis het weerbericht bestuderen? Gaat hij eerst adviseurs bellen over wat verstandig is te doen, of met zijn vrouw discussiëren en overleggen? Nee, grote kans dat zijn instinct zegt dat er regen op komst is en dat het tijd is voor actie. De boer zal diezelfde namiddag nog snel het graan binnenhalen.

Naast de snelheid van handelen is er een tweede voordeel, te weten het gevoel zelf. Een beslissing waarbij het gevoel een grote rol heeft gespeeld, is in mijn beleving een meer doorleefde beslissing. Er zit meer passie in.

Die passie, dat geloof in de beslissing, voelt de groep, de klant of wie er bij die beslissing is betrokken. Het is dat gevoel waardoor klanten sneller in je geloven, teamleden sneller met je aan de slag willen of dat je partners met meer enthousiasme achter jouw beslissing gaan staan.

WERK MET JE HART EN BUIK, EN HET HOOFD VOLGT

Gezond verstand is goud waard. Goed nadenken kan geen kwaad. Bezint eer gij begint. Maar laat de belangrijkste en doorslaggevende factor zijn: doe wat je gevoel je ingeeft. Leer weer te vertrouwen op je instinct. Dat weet prima wat goed en niet goed voor je is.

Het kan eenvoudig:

1. Durf te vertrouwen op je gevoel.
2. Luister niet altijd naar goedbedoelde adviezen.
3. Leg de rapporten eens aan de kant en ervaar zelf wat er moet gebeuren.
4. Neem een beslissing op basis van je gevoel, instinct of intuïtie.

19
Gouden fouten

Bij hoeveel bedrijven draait het niet om foutloos werken?
Er zijn hele studies, principes en bedrijfsprocessen waarbij het draait om een minimum aan fouten. Six sigma is zo'n methode waarbij het aantal fouten in een proces wordt geminimaliseerd. Deze methode komt oorspronkelijk van het Amerikaanse bedrijf Motorola en komt er in het kort op neer dat je maximaal 3,4 fouten per miljoen producten mag hebben.
Dit is geweldig. Uiteraard dienen er in een proces zo min mogelijk fouten te worden gemaakt. Het draait uiteindelijk om veiligheid, kwaliteit en bijvoorbeeld betrouwbaarheid. Als babyvoederproducent moet het je doel zijn dat er nooit een (levensbedreigende) vervuiling in de poeder komt. Als autofabrikant moet je ervoor zorgen dat alle airbags het altijd doen. Als financiële dienstverlener moet je het geld wel op tijd overmaken. Als chirurg mag je geen verkeerd been amputeren. Uiteraard dient hier het streven te zijn dat fouten tot nul worden gereduceerd.
Dit zijn echter niet de fouten waar ik op doel. Dit zijn de gebreken in het eindproduct. Die moeten minimaal tot nul zijn. Het eindproduct zou 100% moeten zijn. Waar ik wel op doel, zijn de fouten die gemaakt worden om tot een eindproduct te komen. Het eindproduct is een resultaat van een heel proces. Het hele traject van ontwikkeling, verkoop, inkoop, productie, logistiek en klantenservice is een samenspel van een groep mensen die zorgen dat alles mogelijk wordt. De klant wil uiteindelijk een eindproduct dat 100% voldoet aan zijn verwachtingen.
Dit proces is een samenspel van allerlei factoren en is bovenal mensenwerk. Uiteraard komen er machines, computers of robots aan te pas, maar het zijn uiteindelijk mensen die alles bedenken, verzorgen, uitvoeren of instellen. En laat de mens nou net niet foutloos zijn. De mens is geen robot of machine.
Ik onderscheid daarbij twee verschillende soorten fouten. Gemakshalve noem ik ze: werkfouten en veranderfouten.

Werkfouten Deze eerste categorie betreft die fouten die normaal gesproken tijdens het alledaagse werken worden gemaakt. Dit zijn fouten die ons allemaal weleens overkomen. We zijn wat minder scherp en er glipt iets tussendoor. We zijn een keer moe. We letten wat minder op of we hadden het soms niet eens door. Waar gehakt wordt, vallen spaanders. Uiteraard dien je zo scherp mogelijk te zijn en alles goed in de gaten te houden of te checken. Een fout overkomt ons allemaal weleens. Ook de middelen die in een proces worden gebruikt, kennen fouten. Een machine die stoort, een computer die een foutcode geeft of een transportmiddel dat hapert. Allemaal fouten die tijdens het werk ontstaan.

Veranderfouten De tweede categorie betreft fouten die vanuit een heel andere hoek ontstaan. Dit zijn de fouten die opkomen op het moment dat een proces wordt aangepast. Er wordt een aanpassing gedaan en dat gaat de eerste keer niet helemaal goed. Met aanpassingen bedoel ik overigens het wijzigen van een bestaand proces of het introduceren van een geheel nieuw proces. Je verandert iets. Dit uiteraard om te verbeteren of om het op een geheel andere manier te gaan doen. Verbeteringen om de klant beter en/of sneller te bedienen. Of je wilt een nieuw product of nieuwe dienst aanbieden. Soms betreft het iets heel kleins en soms een radicale aanpassing. Overigens zijn beide veranderingen cruciaal om te blijven bestaan of door te groeien. Dit om constant bij te blijven in een veranderende wereld of zelfs voorop te lopen in de markt. Vele kleine veranderingen zijn soms makkelijker dan één grote verandering. Elke keer of elke dag 2% verbeteren kost minder aanpassingsvermogen dan één hele grote stap. Ga eens na waar je bent na verloop van tijd met 2% verbetering per dag.
Als je dingen aanpast dan is de kans groot dat het niet meteen goed zal gaan. Een verandering is iets nieuws en dat betekent dat het nog niet is getest of eerder gedaan. Althans, niet binnen jouw organisatie of proces. Grote kans dat tijdens of na het veranderen er toch een correctie moet worden uitgevoerd omdat het de eerste keer nog niet perfect is uitgevoerd of nog niet het gewenste resultaat geeft. Het is vaak een exercitie van trial and error.
Je hebt bijvoorbeeld een machinepark, waarbij je de opstelling van de machines wat wil aanpassen. Dit opdat het product er makkelijker en sneller doorheen gaat. Je verplaatst een machine met zwaar materieel. Je komt er de volgende dag, na het opstarten, achter dat het een goed idee was, alleen de machine staat nog net niet optimaal voor het in- en uitladen van het product. Oeps, foutje. Moet alles weer terug naar af? Was de verandering meteen waardeloos? Nee. Je corrigeert je fout en verplaatst de machine

nog net een halve meter extra en alles werkt op de nieuwe manier sneller dan daarvoor.

Ander voorbeeld: je website is aangepast, opdat de klant sneller kan bestellen. Weken aan gewerkt en nu is het zover. Echter, bij het live gaan kom je erachter dat in de Engelse versie een module nog niet 100% werkt. Wat doe je? Je corrigeert nog even de Engelstalige versie. Je nieuwe website is voor elkaar.

Of: je installeert een nieuwe versie van een softwarepakket met nog meer mogelijkheden voor alle collega's. De instellingen blijken nog wat te haperen. Ze zijn fout ingesteld. Het eerste uur wat stress op de werkvloer. De stress verdwijnt als sneeuw voor de zon nadat de instellingen zijn aangepast.

Hopelijk allemaal herkenbare voorbeelden, waarbij je aan het verbeteren of veranderen bent en waarbij het in eerste instantie nog niet vlekkeloos gaat. Er gaat toch nog iets fout. Dit zijn, zoals ik dat noem, de veranderfouten. Met enige aanpassingen en extra inspanningen zijn de bijkomende fouten ook opgelost en ben je wel verder gekomen met je verbetering.

FOUTEN MAKEN MOET

'Fouten maken moet' komt erop neer dat zowel werk- als veranderfouten een wezenlijk onderdeel zijn van een bedrijfsvoering. Werkfouten omdat er lekker intens en volop wordt gewerkt. Gelukkig. Veranderfouten omdat men (volop) aan het verbeteren is. Wederom: gelukkig.

Voor de duidelijkheid, fouten maken moet, betekent NIET dat het gestimuleerd moet worden om zomaar fouten te maken. Het moet geen wedstrijd worden om de meeste fouten te maken. Dat is weer de andere kant op geredeneerd. Uiteraard dient er een cultuur te worden gecreëerd waarbij mensen werken die proberen fouten zoveel mogelijk te voorkomen. Ik bedoel niet: voorkomen door simpelweg niet meer te gaan werken, niets te doen of niet te veranderen. Ik bedoel wel: voorkomen, juist door constant te blijven nadenken en door scherp te zijn. Denk goed na bij alles wat je doet. Test dingen waar mogelijk vooraf. Overzie zo goed als mogelijk wat je gaat doen. Ga te rade bij je teamgenoten als je twijfelt.

Fouten maken hoort erbij, maar het dienen wel procesfouten te zijn die nog te corrigeren zijn. Te corrigeren voordat het product of de dienst bij de klant terecht komt. Een scherpe controle van je eigen werkzaamheden is essentieel.

Controleer overigens jezelf. Als je gecontroleerd wordt door derden, maak je onbewust meer fouten, omdat je weet dat je werk toch nog wel wordt gecontroleerd.
Dit is overigens iets anders dan als je zelf wil dat iemand jou controleert. In dit laatste geval ben en blijf je zelf verantwoordelijk. Er is niets mis mee als je zelf, proactief, aan een collega vraagt of hij mee wil kijken of jouw werk wil checken. Zelf willen dat iemand jou controleert is super. Maar gecontroleerd worden, omdat iemand van hogerhand dat nodig vindt, voegt niets toe. Wat het oplevert is extra werk, het neersabelen van het eigen verantwoordelijkheidsgevoel of het vertragen van een proces. Controleren om het controleren moet je meteen afschaffen.

CONTROLE VAN BOVENAF ZORGT VOOR MEER FOUTEN

Zelf je eigen fouten constateren en ze corrigeren is iets wat erbij hoort als je het goed wil doen. Het moge ook duidelijk zijn dat als veiligheid of gezondheid om de hoek komen kijken, fouten tijdens het proces nog net kunnen, maar fouten bij het eindresultaat niet. Als veiligheid en gezondheid in het geding zijn, dient er extra te worden gecheckt, gecorrigeerd, getest, enz. Bijvoorbeeld, de rechter- in plaats van de linkerarm amputeren is geen wenselijke uitkomst. In zo'n situatie kan bij het uitvoeren of het aanpassen van het amputatieproces – van intake in het ziekenhuis tot en met de nazorg – best iets nog niet helemaal goed gaan of misgaan, maar dient de feitelijke amputatie foutloos te gebeuren, dient het twee-, drie- of vierdubbel te worden gecheckt om welke patiënt en welke arm het gaat. Het ligt anders als veiligheid of gezondheid niet van belang zijn. Bijvoorbeeld: een klant krijgt een nieuw product, maar er zit een deukje in, want het product is gevallen. Als er dan in zo'n geval toch nog iets misgaat aan het einde van het proces, dan is het zaak om het meteen recht te zetten. Niet in discussie gaan met de klant. Oplossen. Je zal zien dat gek genoeg het netjes afhandelen van een fout bij een klant soms juist een positief (eind)oordeel achterlaat. De uitkomst is dan vaak zelfs positiever dan als er niets fout was gegaan. Misschien heb je zelf ook weleens ervaren dat je iets had besteld wat niet helemaal goed ging, maar dat het daarna geweldig werd opgelost. Het zijn vaak die gebeurtenissen die je positief doorvertelt aan je vrienden. Je werd aangenaam verrast.

Tot slot is het heel belangrijk wat je als organisatie of leiding doet met de fouten. Schuif jij de fouten in de organisatie onder het tapijt of bespreek je ze? Word je boos als er een fout is gemaakt, of bespreek je het voorval?

Stimuleer je mensen om hun kop boven het maaiveld uit te steken, ondanks de fouten die dan ongetwijfeld worden gemaakt? Of vier je juist bij wijze van spreken datgene wat is geprobeerd en mis is gegaan?

WAT IS JOUW EERSTE REACTIE ALS ER EEN FOUT WORDT GEMAAKT BINNEN HET TEAM?

Mijns inziens moet er een cultuur worden geschapen waarin op zijn minst de fouten bespreekbaar worden gemaakt. Een cultuur waarin de medewerkers niet worden afgestraft als ze fouten maken, tenzij ze dezelfde fout keer op keer maken. Geen afstraffing, zodat ze blijven werken en veranderen. Een cultuur waarin niets onder het tapijt wordt geschoven en waarin sprake is van veiligheid. Een cultuur waarin je de fouten bespreekt om er met elkaar van te leren. Dat is ook een voorbeeld van blijven verbeteren. Leren van elkaars fouten. Daar groei je van als team en dit komt de resultaten absoluut ten goede.

Bij Aldowa houden wij elke dag op een vast tijdstip een tien minuten durende staande bijeenkomst. Dit met alle teamgenoten die aanwezig zijn. Tijdens deze daily stand beantwoorden wij met elkaar vier vragen. De belangrijkste vraag is niet vraag 1: wat ging er gisteren goed? Ook niet vraag 3: wat voor vandaag te doen? Of vraag 4: wat zou er vandaag mis kunnen gaan? Nee, juist vraag 2: wat ging er gisteren NIET goed? Met een lach en een traan bespreken wij deze vraag. Wel met een serieuze ondertoon. Iedereen durft na weken van 'trainen' zijn fouten te melden en nog mooier, met tips en tricks elkaar te helpen. Op deze manier worden fouten gewoon benoemd en kunnen ze efficiënt worden gecorrigeerd en, nog mooier, in sommige gevallen worden vermeden in de toekomst.

Onlangs hoorde ik een mooie metafoor over fouten en een fiets.

Ben je een controlfreak en wil je dat er geen fouten worden gemaakt, geef je kind dan een fiets waarvan het stuur vastzit.
De fiets kan maar één kant op, maar ver zal het kind niet komen.
Wil je dat je kind groeit en verder komt? Geef je het de vrijheid om te leren, trainen, veranderen en scoren? Dan geef je het een volwaardige fiets. Want met slingeren om uit te kunnen wijken en bochten te maken, komt het veel verder...

Heb niet de illusie dat er binnen jouw organisatie geen of heel weinig fouten worden gemaakt. Als dat daadwerkelijk zo is, dan wordt er: a) niet gewerkt, of b) nooit iets veranderd of c) durft men het niet te vertellen.
Maak je fouten, vier ze, bespreek ze, pak ze aan en je zal zien dat je organisatie en de resultaten er beter van worden.

Het kan eenvoudig:

1 Zorg voor een veilige omgeving.
2 Stimuleer om fouten te bespreken.
3 Bespreek de fout ten eerste om hem op te lossen.
4 Ten tweede om ook structureel met verbeteringen te komen.
5 Laat wel de oplossing bij diegene die de fout maakt.
6 Bied hulp aan waar gewenst.

20

The holy grail: geen vaste structuur

Onlangs kwam er bij ons bedrijf een auditeur langs. Dit was (helaas) noodzakelijk aangezien wij, opgelegd door de markt, VCA- en ISO-gecertificeerd moesten zijn. De auditeur had de opdracht om in twee dagen het bedrijf door te lichten en te beoordelen of wij conform de processen en standaarden werkten.

Om eerlijk te zijn, geloof ik niet in ISO. Het is goed om zaken af te spreken, vast te leggen en na te gaan of men zich aan de afspraken houdt. Om daar nu meteen een heel systeem van te maken, dat gaat mij te ver. Grote kans dat het allemaal in een groot (digitaal) handboek komt, dat uiteindelijk in een kast belandt. In het slechtste geval komt het handboek slechts twee keer per jaar uit die kast. Net voordat de auditeur weer z'n jaarlijkse check doet (om snel alles weer te updaten en na te gaan of alles nog klopt) en dan nog een keer als de auditeur daadwerkelijk zijn ronde maakt. Ik geloof meer in het vastleggen van afspraken van binnen- of onderuit. Afspraken gemaakt door de teamleden zelf. Afspraken onder elkaar. Hoe pakken we iets op? Hoe gaan we ergens mee om en wat doen we als het goed of juist niet goed gaat?

Terug naar de auditeur. De auditeur nam als start van zijn tweedaagse audit samen met mij plaats in onze spreekkamer. Ons ISO-handboek lag voor zijn neus op tafel. Na een korte introductie van beide kanten begon hij met zijn eerste inventarisatie. 'Zou ik jullie organigram mogen zien?' 'Sorry, dat hebben wij niet', antwoordde ik. 'Wij zijn hier één team en hebben geen hiërarchische lijnen.' Met gefronste wenkbrauwen vroeg hij: 'Heb je dan de functieprofielen?' Wederom beantwoordde ik zijn vraag met een resoluut 'nee'. 'Sorry, doen we niet aan. Iedereen werkt hier in teamverband aan wat moet gebeuren voor de klant. Daarbij passen geen hokjes of vastomlijnde taakomschrijvingen'. Enigszins aarzelend besloot hij te vragen naar het autorisatieschema. Vooruit, geen organigram of functieprofielen was tot daaraan toe, maar een gedegen autorisatieschema was toch wel te verwachten. Mijn derde 'nee' was de limit. De auditeur begreep er niets meer van. Hoe kon een zichzelf respecterend bedrijf nou geen autorisatieschema hebben. Een heel pleidooi over het afdekken van risico's volgde. Wat als een medewerker nou met kwade opzet een megabestelling zou doen en deze vervolgens via een omweg voor eigen gewin zou verkopen. Ik hoorde de man aan en kon me er oprecht niets bij voorstellen. Het enige wat in mij opkwam, waren de talloze voorbeelden van fraudegevallen, diefstallen bij juist die bedrijven die meenden alles te hebben afgedekt. Afgedekt met firewalls, autorisatieschema's, bewaking, in- en uitgangscontroles, enz. Hoe hoog moet je je hekken maken om te voorkomen dat er wordt gefraudeerd? Laat je je hele bedrijf en zijn processen afhangen van die ene kwaadwillende medewerker? Die als hij kwaad wil, toch wel een maas in de beveiliging vindt? De auditeur begreep er inmiddels weinig meer van en moest zich herpakken door eerst een halfuur zelf een ronde te lopen, alles te laten bezinken en te bedenken hoe nu verder.

Het is niet zo dat ik geen organigrammen, functieprofielen of bijvoorbeeld autorisatieschema's opstel uit gemakzucht. Nee, verre van dat. Ik besteed hier bewust geen aandacht aan. Al mijn ideeën over hoe je het eenvoudig kan doen, komen hier bij elkaar. Het summum is een omgeving waarin er geen sprake is van een vaste structuur van bovenaf. Een omgeving waarin wel een cultuur heerst van vertrouwen, eigen verantwoordelijkheid en het durven loslaten op basis van gemeenschappelijke dromen. Het is juist die gemeenschappelijke droom die voor de structuur zorgt. Het is de droom die zorgt dat het team weet wat het moet doen, waarvoor het elke dag werkt, welke beslissingen het moet nemen of hoe het zich moet gedragen. Het is het teamgevoel dat dan boven komt drijven. Het is de samensturing die zorgt voor een sociale controle die zoveel sterker en efficiënter is dan een structuur van bovenaf.

DROMEN ZORGEN VOOR STRUCTUUR

Aangezien wij hier zulke waanzinnige ervaringen mee hebben, wil ik dit punt nogmaals benadrukken.

Weg met de vaste structuur met regels en wetten van bovenaf:

- geen organigrammen
- geen afdelingen
- geen autorisatieschema's
- geen functieprofielen
- geen afdelingsleiders
- geen vaste werktijden
- geen ...

Hier zitten een paar fundamentele gedachtes achter. In willekeurige volgorde:

Ten eerste: **resultaat**. Je kan meer resultaat uit een groep halen zonder al die vaste structuur. Ik geloof er namelijk in dat je mensen niet in hokjes moet plaatsen of strak volgens vaste kaders moet inzetten. Ik geloof sterk in teamwork, waarbij je samen een doel achterna gaat. Of dit nou een opdracht binnenhalen is, het verhogen van de omzet, het reduceren van verliezen, het stroomlijnen van productie of het leveren van goede diensten. Allemaal dingen die je niet alleen kan en moet doen. Dat is teamwork. Door te denken en te organiseren in vaste patronen en beschrijvingen, krijg je automatisch een hokjescultuur waarin is bepaald wat je wel of niet mag doen. Discussies over wiens taak iets is, zijn zonde van de tijd. Die zorgt ervoor dat alle losse delen, afdelingen, functies en groepen datgene gaan doen wat het beste is voor hun eigen omgeving. Dat is vaak suboptimaal. Mensen kunnen veel meer als ze samenwerken. Als ze gemeenschappelijk aan dezelfde doelen werken. Zonder dat ze eerst moeten bedenken of iets wel mag, of ze op de juiste afdeling zitten of dat het autorisatieschema het wel toelaat.

Ten tweede: **snelheid**. De snelheid van handelen kan zoveel omhoog als die opgelegde structuren worden losgelaten. Je kunt direct binnen het team met de juiste mensen schakelen, zonder dat je eerst moet nagaan of het wel mag volgens het autorisatieschema. Of dat het wel mag volgens de hiërarchische lijnen. Moet ik eerst overleggen en rapporteren aan de manager van mijn afdeling of kan ik meteen met mijn collega's aan de bak, om iets op te lossen of aan te pakken?

Ik heb weleens gelezen dat er per deur die tussen afdelingen zit 15% aan communicatie verloren gaat. Stel dat dit waar is, bedenk dan eens een proces waarbij bijvoorbeeld vier afdelingen betrokken zijn, in een bedrijf waar nog in afdelingen wordt gedacht en gewerkt. Dit zou betekenen dat er vier maal 15%, is 60%, van de communicatie/informatie verloren gaat. 60%. Dit betekent dat er veel mis kan gaan of, anders gesteld, dat er heel veel extra energie nodig is om uiteindelijk te zorgen dat het wel voor 100% goed gaat.

Misschien herinner je je nog het spelletje van vroeger op de lagere school. Je zat in een kring met de juf. Het klasgenootje aan de linkerkant van de juf begon, door een zin te fluisteren in het oor van het klasgenootje naast hem. En dit ging dan zo de kring rond. Grote kans dat de zin die het laatste klasgenootje uit de kring hardop mocht opzeggen, totaal anders was dan de originele zin. Lachen was het vaak. Het lachen zou je moeten vergaan als je beseft dat dit dagelijks gebeurt in bedrijfsomgevingen die wel met afdelingen en structuren werken. Een opdracht van de afdeling verkoop, overgedragen aan inkoop, aan werkvoorbereiding, aan uitvoering en tot slot aan administratie, verliest onderweg veel belangrijke info of wordt anders opgepakt dan oorspronkelijk bedoeld. En druk dat we dan kunnen zijn.

Stel je nu eens de situatie voor waarbij er geen afdelingen en structuren zijn. Er zijn geen hokjes en alle teamleden zitten in een kring. De zin wordt nu niet fluisterend doorgegeven, maar in het midden van de groep met z'n allen in een keer gedeeld. Wat zal dit een verschil geven in beleving van de zin en daarmee in snelheid van aanpak. Er gaat geen extra energie en tijd verloren aan het corrigeren van de informatie.

Ten derde: **flexibiliteit**. Door niet in hokjes te denken, niet aan iedereen een vast profiel toe te kennen, niet vast te leggen wat ieders functie is en wat iemand wel of niet mag, creëer je een enorme potentie aan inzet van de medewerkers.

Mensen kunnen vaak veel meer dan wij allemaal denken. Ga maar na wat een werknemer privé allemaal moet doen. Dan doet hij vaak de administratie met het aanleveren van de belastingformulieren, de inkoop met de dagelijkse boodschappen, de planning van het rijden naar voetbal, het plakken van de lekke band of het legen van de dakgoot. Door op het werk de mensen niet in vaste hokjes te plaatsen, krijg je dat ze meer gaan doen en breder inzetbaar zijn. Wat ze zelf hebben mogen bedenken, zullen ze sneller uit-

IEDEREEN KAN ZOVEEL MEER

voeren. Wat ze zelf hebben gepland, zullen ze ook willen inkopen en waar ze zien dat een collega hulp nodig heeft, zullen ze even bijspringen.

Ik weet nog goed dat toen ik een bedrijf overnam, ik in de productie een medewerker aantrof die letterlijk uit het raam keek, want er was die dag geen werk op zijn afdeling. Terwijl zijn collega van de andere afdeling van gekkigheid niet wist waar te beginnen vanwege de drukte. Ondanks dat de beide heren de pauzes nota bene samen doorbrachten, hadden ze geen idee van elkaars werksituatie en al helemaal niet het besef dat ze elkaar zouden kunnen helpen.
Al snel zijn de afdelingen afgebroken. Er kwam één open werkomgeving. Uiteraard zijn er verschillende disciplines, maar het is wel zo dat elke collega minstens vier verschillende disciplines moet kunnen. Van vakspecialisten zijn ze allrounder geworden. Nu helpen ze elkaar en als het werk vraagt om veel mensen op één discipline, dan kan er snel geschakeld worden. Sterker nog, ze hebben het zelf door en bewegen zich flexibel van het ene proces naar het andere. Uit het raam kijken is er niet meer bij.

Ten vierde: **verantwoordelijkheidsgevoel**. Met de opgelegde structuren ontneem je bewust of onbewust veel verantwoordelijkheidsgevoel bij de medewerkers. Ze mogen immers toch niet altijd en alles zelf beslissen. Want er zijn managers, afdelingen en autorisatieschema's. Allemaal gegevens waardoor de medewerker het overlaat aan zijn baas, de andere afdeling of aan een meerdere. Hierdoor rusten alle beslissingen van een dag op een paar schouders. Dit terwijl er veel meer schouders zijn. Hoe denk je dat een medewerker presteert die zich minder verantwoordelijk voelt? Ga maar bij jezelf na. Ergens waar je zelf voor verantwoordelijk bent, waar je zelf invulling aan mag geven, zelf over mag beslissen, beleef je tien keer intenser. Je knokt er harder voor, je denkt er meer over na en je checkt beter je output. En niet onbelangrijk: het levert je simpelweg meer plezier op. Wat is het gevolg van meer verantwoordelijkheidsgevoel en meer plezier? Een betere output. Meer betrokkenheid, minder ziekteverzuim en betere kwaliteit.

Ten vijfde: **minder dure managementtijd** omdat je minder hoeft te bewaken. Zonder afdelingen en hun managers, zonder autorisatieschema's, zonder hoofden van inkoop of kwaliteitszorg, mogen, nee, moeten medewerkers het zelf regelen. Ze hoeven geen verantwoording af te leggen. Verspilling aan dure managers of intensieve rapportages verdwijnt.

Jaren geleden vertelde een kennis dat hij gevraagd was om tijdelijk zijn manager te vervangen. Zelf was hij al enkele jaren afdelingshoofd van een serieuze divisie en zijn baas was groepsdirecteur. Uiteraard vond hij het een hele eer. Hij gaf aan dat hij zijn best zou doen, maar dat het overnemen van de fulltime baan van zijn baas hem naast zijn huidige 60-urige werkweek bij voorbaat een mission impossible leek. Hij twijfelde of dit wel goed zou gaan. Er was echter geen keuze, gelet op de situatie, en met alle bezwaren is hij toch aan de slag gegaan.
Na een maand of twee sprak ik hem op een borrel. Ik was zeer nieuwsgierig of hij zich staande kon houden in zijn dubbelrol. Zeer ontspannen gaf hij mij te kennen dat hij sinds tijden niet met zoveel plezier had gewerkt. Tot mijn verbazing gaf hij aan dat 2 x 60 uur in zijn dubbelrol gek genoeg was teruggegaan naar 1 x 50 uur. Kunt u het nog volgen?
Na zijn uitleg viel bij mij het kwartje. Hij was er al snel achter gekomen dat een groot deel van zijn tijd, en daarmee ook van de tijd van zijn baas, het rapporteren aan elkaar was. Het overleggen, toestemming vragen en discussiëren vergde onopgemerkt in de oude situatie enorm veel tijd. Deze tijd kwam nu vrij. Geen baas meer om te moeten overtuigen, geen eindeloze vergaderingen meer om alles volgens de hiërarchische lijnen in te dekken. Tijd kwam vrij om weer te ondernemen. Om met de klant bezig te zijn, met het team en met de doelen.

Ten zesde en laatste (alhoewel er ongetwijfeld nog meer voordelen te bedenken zijn): **geen politiek**. Bij het weglaten van afdelingen, vaste functieprofielen en hiërarchie blijft ook de politiek weg. Het politieke spel waarbij de ene medewerker beter wil overkomen dan de andere, om er beter op te staan. De politiek waarbij niet alles gedeeld kan worden met de verschillende afdelingen, gelet op vertrouwelijkheid, of de machtspelletjes waarbij de ene medewerker boven de andere wil komen te staan. Dit kost niet alleen energie die niet aan klanten of het verbeteren van de processen wordt besteed, het is ook nog eens negatieve energie. Van negativiteit wordt niets en niemand beter.
Op het moment dat er vaste structuren zoals functieprofielen, afdelingen of bijvoorbeeld hiërarchische verhoudingen zijn, is de mogelijkheid om politiek te bedrijven vrijwel niet aanwezig. Als er sprake is van teamwork, waarbij iedereen bezig is met het beste voor de klant of het proces te leveren, waarbij gezamenlijk een droom wordt nageleefd, is er geen noodzaak voor het bedrijven van politiek. Iedereen kan doorgroeien, iedereen kan dingen ondernemen. Er is geen sprake van dat de ene beter moet zijn dan de ander.

Vertrouwelijkheid is ook geen issue, want er wordt juist veel gedeeld met elkaar.
Heerlijk, zo'n werkomgeving waarin je niet om hoeft te kijken of een collega je een poets probeert te bakken of waarin je bij alles moet nadenken of er niet iets achter zit.

WELK VOORDEEL KAN JIJ NOG BEDENKEN BIJ HET WEGVALLEN VAN DE VASTE STRUCTUUR?

Tot slot het volgende. Een situatie met geen functieprofielen, geen organigrammen, afdelingen of autorisatieschema's oogt waarschijnlijk als een organisatie zonder structuur. Als een setting van wanorde en anarchie. Op het eerste gezicht kan dit kloppen. De standaard te verwachten structuur ontbreekt. Gek genoeg geloof ik er namelijk wel in dat er wel degelijk een structuur nodig is om een groep mensen aan hetzelfde te laten werken in een bepaalde harmonie.

Structuur:

NIET regels en wetten	**WEL** een gedeelde droom

De structuur kan je ook op een totaal andere wijze organiseren. Op een hoger niveau. Een structuur vormgegeven door een goedgedeelde droom waar je met het bedrijf en daarmee het team naartoe wil. Daarmee komen we weer terug op het eerste hoofdstuk. Het begint allemaal met een gedeelde droom. Een droom die doorleefd is, die iedereen kan volgen. Een droom die ambitieus is en ook reëel. Een droom die zorgt dat het doel in de verte dichtbij wordt gehaald.

> Binnen het bedrijf Aldowa heeft het hele team een droom opgesteld waar te zijn in 2020. Niet alleen is de droom met elkaar opgesteld. De droom wordt ook uitgedragen. Visueel. In het bedrijf staat de droom op diverse plekken uitgebeeld.

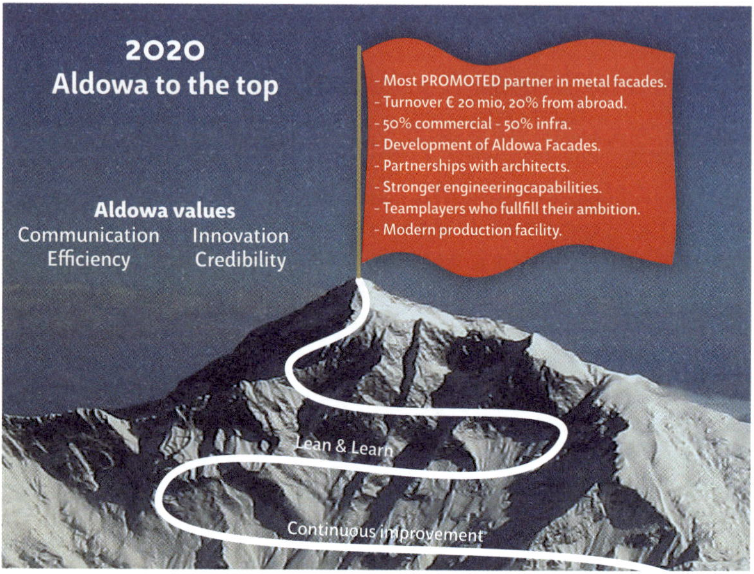

Figuur 33 De Aldowa-droom

Als je een goeddoorleefd plan hebt, waarin iedereen zich in meer of mindere mate kan vinden, is de kans groot dat iedereen zich op de juiste manier gaat inzetten om het doel te bereiken. Dan zijn er geen regels als autorisatieschema's nodig. Dan hoeft er geen functieprofiel te worden opgezet of een afdelingshoofd te worden aangesteld. Als je doel zo is opgesteld dat iedereen daarover heeft mogen meedenken en iedereen op z'n minst het gevoel heeft dat hij zich daarin kan vinden, dan kan je de cultuur daarop aanpassen en krijg je automatisch structuur.
Een structuur van binnenuit en niet opgelegd door papier of regels van de baas. De manager kan zich dan bezighouden met het verder brengen van het gehele bedrijf. Dit in een faciliterende rol. Alleen als er een keer als scheidsrechter moet worden opgetreden, is het de manager die de knoop doorhakt. In alle andere situaties laat hij alle medewerkers naar vermogen hun werk doen, elke dag verbeteren, samenwerken. Laat de manager dit coachen, begeleiden en stimuleren. In deze setting bereik je het meest.

Waar ik in de voorgaande hoofdstukken steeds over de manager of leidinggevende spreek, is dit eigenlijk een totaal overbodige term. Als je het anders durft te doen en tot de ultieme situatie komt dat er een volledig samensturend team is gecreëerd, dan is er geen officiële leiding meer. Termen als 'manager' en zeer zeker 'directie' bestaan simpelweg niet meer. Iedereen

is een leider, een mede-ondernemer en verantwoordelijk voor zijn eigen daden binnen het grote geheel.
De manager is gewoon een van de teamgenoten en vervult ook een rol in het team. Hij is hooguit een leider en manager in het neerzetten van de juiste cultuur, het aanjagen van de droom en zijn verwezenlijking.

Tot slot een mooie anekdote over een mier, die ik tegenkwam op het internet. Deze anekdote of fabel is een mooie weergave van hoe het niet moet. De auteur is mij helaas onbekend.

De fabel van de mier
De mier kwam alle dagen te vroeg op het werk en begon onmiddellijk te werken. Zij was productief en zeer tevreden. Haar baas, een leeuw, was verbaasd dat de mier werkte zonder toezicht. Hij dacht: als zij zoveel presteert zonder supervisie, zou ze dan niet nog meer presteren onder permanent toezicht?

Hij wierf een kakkerlak die veel ervaring had in het superviseren en die prachtige rapporten kon opstellen. De eerste maatregel die de kakkerlak nam, was een prikklok plaatsen om het komen en gaan van de mier te registreren. Vervolgens had de kakkerlak een secretaresse nodig en een spin om het archief te beheren en de telefoongesprekken te controleren.

De leeuw was zeer tevreden over de rapporten van de kakkerlak en vroeg hem bovendien de productie in een grafiek te zetten. Het was toen dat de kakkerlak een computer en een laserprinter aanschafte en een vlieg aanwierf om de informatica te beheren.

De mier, kortgeleden nog productief en stralend, werd wanhopig van die berg papier en van al die vergaderingen die haar tijd opslorpten.

De leeuw vond dat het tijd werd om op de werkplaats van de mier een sectorverantwoordelijke aan te stellen. Deze post werd toevertrouwd aan een krekel die, om te beginnen, een ergonomische stoel aankocht voor zijn kantoor en vast tapijt liet plaatsen. Deze nieuwe verantwoordelijke had ook een computer nodig en een assistente.

Op dit ogenblik kon de mier er niet meer om lachen en zij maakte zich iedere dag kwader en kwader. Het was toen dat de krekel zijn baas, de leeuw, ervan overtuigde dat een studie van de werksfeer absoluut noodzakelijk werd. Na de werklasten te hebben bestudeerd, stelde de leeuw vast dat de dienst waar de mier werkte niet meer zo productief was als vroeger. Hij wierf een uil aan, die bekend stond als een vermaard en eersteklas raadgever, om een audit te doen en een oplossing voor te stellen. De uil liep drie maanden rond in de kantoren en stelde een enorm dik rapport op, met als besluit: er is te veel personeel in deze onderneming.

En raad eens wie de leeuw het eerst ontsloeg?

De mier natuurlijk want: 'Zij gaf blijk van een tekort aan motivatie en had een houding die tot conflicten leidde.'

Minder regels, meer vrijheid, meer zelf nadenken, meer gedragen eigen beslissingen, is meer plezier. Meer plezier levert een beter resultaat. Het goud ligt voor het oprapen.

Het kan eenvoudig:

1 Durf het team weer zelf verantwoordelijk te maken.
2 Durf vertrouwen te geven en niet te controleren aan de poort.
3 Durf los te laten en zet je ego opzij.
4 Durf buiten de gebaande kaders en hokjes te denken.
5 Zorg dat het team de droom blijft delen.

Wrap-up

Op een andere manier werken kan enorm veel positieve energie geven. Er kunnen krachten loskomen die je niet voor mogelijk houdt. Collega's kunnen ineens veel meer dan je zelf ooit had gedacht. Problemen worden niet meer als zwaar gezien, men gaat denken in oplossingen. Er wordt meer met passie, trots en eigen verantwoordelijkheid gewerkt.

Jij als leider hoeft er minder aan te trekken en te sleuren. Je hoeft minder zelf te doen. Ja, de weg leiden en je team helpen. Coachen waar nodig. Maak je dromen duidelijk voor de groep. Nog mooier, laat de groep de droom creeren. Laat zien dat 'dromen' synoniem staat voor 'doelen stellen'. Laat ze de droom beleven alsof ze er al zijn en ga dan terug naar wat ervoor moet gebeuren om er te komen. Het team is al de winnaar, je moet alleen de jury nog even overtuigen.

Dit lijkt allemaal makkelijk, maar ik kan je vertellen dat dit hard werken is. Niet zozeer in operationele zin, want dat stukje zullen alle specialisten, teamgenoten en collega's vanzelf gaan invullen. Zij kunnen heel goed inhoudelijk hun werk uitvoeren. Nee, hard werken aan een andere cultuur.

Zelf het juiste voorbeeldgedrag laten zien. Je emoties durven tonen. Durven delen. Vragen durven stellen en niet meteen met oplossingen komen. Durven delegeren. Verantwoordelijkheid neerleggen waar zij thuishoort. Durven te vertrouwen op de medemens. Durven vertrouwen op uitkomsten. Vooral het eens anders durven doen, ook al gaat dit tegen je gevoel in. Probeer weer te vertrouwen op je gevoel en intuïtie en laat niet alles leiden door de ratio. Kortom, hard werken om vertrouwen te geven, los te laten en durf te tonen.

Probeer die harde structuur van regels los te laten. Geef mensen weer het vertrouwen dat ze het zelf goed kunnen organiseren met elkaar. Werk hard aan het verminderen van een van bovenaf opgelegde structuur. Werk hard aan een cultuur waarin duidelijk is wat ieders bijdrage is. Een cultuur waarbij

een doel met elkaar wordt gedeeld. Ga over van vaste structuur naar een goede cultuur. Een cultuur die de dagelijkse houvast geeft voor wat wel en wat niet te doen. Hierdoor weet iedereen heel goed wat er van hem wordt verwacht. Wat wel en niet kan. Wat er wel en niet nodig is op een dag. Welke houding wel of niet past binnen de organisatie of wat benodigd is voor de klant.
Gooi het roer om. Het kan eenvoudig. En houd bij alles één ding in gedachten:

Succes en vooral: veel plezier. Ik ben benieuwd naar jouw situatie over een jaar of zo. Ik verneem graag hoe het je is vergaan.

Ja, maar?

Is er dan geen leider meer nodig?

Ja en nee.
Nee, er is geen traditionele leider meer nodig zoals we die zo vaak om ons heen zien. De leider die van bovenaf de dingen bepaalt, inhoudelijk over alles meedenkt en beslist of de regels opstelt. De leider die controleert van bovenaf. Controleren om het controleren, aangezien hij de baas is. De leider die iedereen aan het werk zet. Deze leider kan thuisblijven.
Ja, er zal altijd een leider moeten zijn die het voortouw neemt in het anders werken. Iemand zal het moeten starten en aanjagen. De coach die start met de cultuurverandering. De coach die start met het dromen. Het durven loslaten, het vertrouwen van de mensen om hem heen. Een coach die de nieuwe cultuur neerzet, aan een team bouwt en dit zeker ook bewaakt. Een coach die het voorbeeld geeft voor hoe het anders kan en moet. Een leider die coacht. Een coach die inspireert dat het eenvoudig kan.

Gaat het dan nooit mis?

Dit is de meestgestelde vraag die ik krijg. Gaat het dan nooit mis? Zeker als het gaat om het vertrouwen van de medewerkers. Bijhorende vragen zijn: Is er dan niemand die heel veel op vakantie gaat, omdat hij zijn eigen dagen mag indelen? Is er dan niet een situatie waarbij de één veel harder werkt dan de ander? Of iemand die spullen van de zaak meeneemt voor privégebruik? Deze vragen stellen verbaast mij al, want die komen voort uit angst. En angst is de slechtste ...
Ongetwijfeld zal het eens mis kunnen gaan en loopt het niet zoals gedacht. Maar dit gebeurt in een standaardwerkomgeving ook. Ik ben er echter van overtuigd dat door je mensen vertrouwen te geven, zij er juist minder of zelfs helemaal geen misbruik van maken. Het zorgt voor een cultuur waarbij mensen zich weer gewaardeerd voelen en zin hebben om hun steentje bij te dragen. Zij zijn weer trots en er is sprake van teamgevoel. Deze factoren

zorgen ervoor dat zij met elkaar aan de slag gaan en het niet eens in hen opkomt om misbruik te maken van de gegeven vrijheid om zelf te handelen en te beslissen.
Door ze niet als medewerkers of ondergeschikte in een hiërarchie te plaatsen, maar juist te beschouwen als medeondernemer, voelen de mensen zich mede-eigenaar van het bedrijf. Waarom zal een mede-eigenaar dan misbruik maken van iets waar hij zichzelf eigenaar van voelt? Kortom, misbruik is niet eens een issue.

Heb je hier supermensen voor nodig?

Nee, absoluut niet. Hiervoor zijn geen Harvard-afgestudeerden, gepromoveerden of whizzkids nodig. Verre van dat.
Wie dan wel? Heel simpel, mensen die willen. Mensen die zoals ze thuis handelen ook in de werkomgeving hun verantwoordelijkheid pakken. Uitzonderingen daargelaten, ben ik ervan overtuigd dat mensen veel meer willen en kunnen dan menig manager denkt. Door verantwoordelijkheden te geven, ze te steunen, te vertrouwen, zelf beslissingen te laten nemen en ideeën door te laten voeren, zal je merken dat iedereen in dit model past. Het bewijs heb ik, door samen te werken met jongeren en senioren, hoog- en laagopgeleiden, ervaren en onervaren teamgenoten, met doeners en denkers of met in- en extroverte personen.
Gekscherend zeg ik weleens dat je willekeurig vijftig mensen van de straat zou kunnen plukken en daar succesvol een bedrijf mee zou kunnen opbouwen.

Moet je weleens mensen ontslaan omdat ze niet mee kunnen?

Nee, vrijwel niet. Een enkele keer hebben wij een medewerker moeten laten gaan, omdat hij halsstarrig de hiërarchie bleef opzoeken. Dit is uitzonderlijk. Het tegendeel is eerder waar. Mensen gedijen beter in dit model. Ze excelleren. Zij willen juist graag blijven binnen zo'n positieve setting en jij wil ze juist graag aan boord houden.
Bijkomend voordeel van geen vastomlijnde functieprofielen of afdelingen is het gegeven dat de teamgenoten ook niet in vastgekaderde functies hoeven te presteren. Wij spreken meer van rollen in plaats van functies. Ieder individu vervult een op eigen maat gemaakte rol. Een rol die helemaal past bij het individu. Iedereen heeft zijn sterke en zwakke eigenschappen. Door niemand in een vastomlijnd functieprofiel te drukken, krijg je ook geen misfits. Sterker nog, hiermee ligt de focus meer op de sterke eigenschappen van een persoon. Dit betekent dat bijvoorbeeld de rol van commerçant

van persoon tot persoon kan verschillen. De een is beter in relatiebeheer, de ander weer in marketing en de derde in calculeren. Alle drie werken in een team en pakken hun verantwoordelijkheid. Ze zijn allemaal bezig met verkopen en doen dat geheel op eigen wijze en op hun kracht. En naast offertes maken heeft iedereen nog andere activiteiten waar hij goed in is. Zo kan bijvoorbeeld de ene werknemer goed een klantenevent verzorgen en de ander juist de offertesoftware verbeteren. Dit zorgt voor teamwork en positieve energie. Uiteraard in het grotere geheel of belang van de gedeelde droom. Hiermee komen mensen beter tot hun recht en dragen ze veel bij aan de droom.

Werkt dit ook bij grote bedrijven of organisaties?

Ongetwijfeld is dit uitdagender. Waar ik in geloof, is dat een bedrijf nooit te groot moet zijn. Waarom kan een groot bedrijf niet worden opgedeeld in kleine(re) slagvaardige units? Een unit waarbinnen men elkaar kent, elkaar kan aanspreken, men invloed heeft op een resultaat, enz. De omvang zou ergens tot maximaal 50 tot 100 personen moeten zijn. Binnen zo'n unit kan deze manier van anders werken ook goed uitpakken. Uiteindelijk is een groot bedrijf dan een optelsom van de meerdere units.
Het is uiteraard wel de kunst om een gemeenschappelijke droom te hebben, waarbij elke unit zijn eigen (deel)droom heeft.

Heb je dan geen enkele controle?

Ja en nee. Ja, we hebben een paar vaste controles, te weten: we hebben de accountant om de juiste belasting af te rekenen en een VCA-auditeur om de veiligheid te checken. De eerste is een noodzakelijk kwaad, de laatste is een zeer goede controle, aangezien veiligheid altijd hoog in het vaandel dient te staan.
De overige controles of checks hebben niets formeels, anders dan alles met elkaar goed in de gaten te houden door rond te lopen, vragen te stellen en elkaar te helpen en de vele daily stands (dagelijkse korte, staande bijeenkomsten). Commercieel op de hoogte blijven door met elkaar te vieren wat er wordt gescoord. Procesmatig door op de vloer te zien en horen wat goed en niet goed gaat. Dit aangevuld met klantenbezoeken en gesprekken onder elkaar. Financieel blijf je op de hoogte door sterk cashflowmatig te sturen. Uiteraard moet het een resultante zijn van de dagelijkse gang van zaken. Om toch te weten hoe je ervoor staat, is het een zaak van bankstand checken en doorhebben wat er elke dag/week wordt gefactureerd en betaald.

In de praktijk is er één hele grote controle en dat is de sociale controle. Door de hoge mate van betrokkenheid, enthousiasme en het sterke verantwoordelijkheidsgevoel, houdt men zichzelf en de omgeving in de gaten.
Door de openheid en het vertrouwen dat wordt gegeven, zoeken de mensen elkaar juist op en vragen elkaar om advies, raad en daad. Hierdoor ontstaan er zelden onbezonnen eenmansacties. Dit is totaal anders dan een geforceerde controle van bovenaf.

Is het eenvoudig?

Het KAN eenvoudig en dat IS niet eenvoudig. Je moet durf tonen. Durven te dromen, durven los te laten, durven te vertrouwen en durven het anders te doen. Dat is, voor de goede orde, keihard werken.

Over de auteur – Allard Droste

Allard laat in alle eenvoud zien hoe het ook anders kan. Met vertrouwen, loslaten en durf kunnen mensen veel meer dan we denken. Weg met de vaste structuur. Volg de droom. Richt het in zoals je zelf ook het liefst zou werken.

Zijn anekdotes en ervaringen haalt hij uit zijn directe werkomgeving. Na tien jaar gewerkt te hebben voor een groot bedrijf, waagt hij in 2006 de sprong naar het ondernemerschap. Inmiddels geschoold in Lean, helpt hij diverse bedrijven in het vereenvoudigen van hun processen en organisatie. Dit met een sterke hands-onmentaliteit.
In 2007 is hij in het metaalbewerkingsbedrijf Aldowa te Rotterdam gestapt. Hier heeft hij een grote cultuuromslag gerealiseerd, van hiërarchisch naar samensturend. Van directief naar organisch. Een omslag van algemene toeleverancier naar een projectorganisatie voor de gevelbouw. Van 2,5 naar 12 miljoen omzet. Van een ziekteverzuim van boven de 5%, richting de 2%. De andere manier van werken levert diverse prijzen op, zoals de FD Gazellen Awards, de Metaalunie Award en de VNO-NCW Nieuwe Heldenprijs.
Een bewijs dat anders werken mogelijk is in de keiharde praktijk. Uiteraard met alle ups en downs.
Allard is daarnaast ook actief als commissaris, investeerder, coach en spreker. Hij is vader van twee zoons, Maas en Duco, enthousiast sporter en woont in Bussum.

MIJN DROOM ...

IN 20.. / OP 31-12-20..

BEN IK:

-
-
-
-
-
-
-
-
-
-

HEB IK:

-
-
-
-
-
-
-
-
-
-

MIJN DROOM …

IN 20.. / OP 31-12-20..

BEN IK:

-
-
-
-
-
-
-
-
-
-

HEB IK:

-
-
-
-
-
-
-
-
-
-